ストリップ劇場のある街、あった街

浅草・新宿・船橋・札幌の〈ピンク文化〉とそれを支えた人びと

寿郎社

早乙女宏美

ストリップ劇場のある街、あった街

浅草・新宿・船橋・札幌の〈ピンク文化〉とそれを支えた人びと

まえがき

私は一九八六年（昭和六一年）から二〇〇七年（平成一九年）のまでの二一年間、踊り子としてストリップ劇場のステージに立っていた。私の演《だ》し物《もの》は「ＳＭ」「自縛《じばく》」といった〝特殊系〟で、ショーの構成も一人芝居風にしていたため普通の踊り子とは少し違う扱いを受けていたが、ストリップ劇場の踊り子の一人であることに変わりはなかった。

初めてストリップ劇場へ出てみないかと言われたとき、私の〝ストリップ〟に対するイメージは悪かった。「いったいどんな地下組織なのだろう」「入ったら二度と抜けられないのではないか」などと思っていた。不安がる私に対して依頼主の長田英吉氏は、

「そんなことは絶対にないから、とにかく一度ステージを見にきて」

と言った。その言葉を信じて埼玉県のストリップ劇場を訪ねると、その劇場はステージも楽屋も想像していたよりも小綺麗だった。本舞台、花道、回転ボン（デベソ）、それに色とりどりの照明……。

幼少からバレエを習い、舞台に立つことが大好きだった私は、そのステージを見た瞬間、「美しい」と感じた。ストリップに対するマイナスのイメージはどこへやら、私はストリップ劇場の舞台に立つことをオーケーしていた。

＊

デビューするとすぐに〝先輩ねえさん〟たちに楽屋で囲まれ、あれこれかまわれるようになった。

「この世界は〝芸界〟といって、お客には〝芸〟を見せているの。だから、踊り子としてのプライドを持たないとダメよ」

「私だっていろんな演し物をしてきたけど、〝マナ板〟（「ホンバンマナ板」「ホンバン」「生板」などともいう特殊系の演し物）では目をつぶってアソコをちょっと貸しているだけ。頭では晩御飯のこと考えているわ」

こうした肝の据わったねえさんたちを私はカッコイイと思った。私のステージに興味を持ってくれた暗黒舞踏をやっていたねえさんからは、踊りについての具体的なアドバイスをもらった。

そうした先輩たちの話を聞くうちに、私は踊り子の仕事だけでなく、日本のストリップ界そのものに興味を持つようになった。ねえさんたちがプライドとともに語るストリップという「芸」にはいったいどんな歴史があるのか。またそれと同時に、ストリップ劇場のある街についても興味を持つようになった。ストリップ劇場は決して大きな街や繁華街ばかりにあるわけではない。小さな町の住宅街のはずれにもあるし、畑や田んぼのど真ん中にもある。その土地にどんないわれがあり、なぜそこにストリップ劇場が残っているのか。私は仕事の合間にストリップ劇場のあるさまざまな街を歩き回り、そのいわれを知っている人を探しては話を聞いた。

そして二〇〇〇年（平成一二年）から私は、ワイレア出版の『S&Mスナイパー』という雑誌で連載を持つことになった。題して「さよならストリップ劇場」。浅草・新宿・船橋のストリップ劇場とその歴史について書いた。連載を始めた当時はまだストリップ劇場にも活気があった。しかし多くの〝大御所のねえさん〟はすでに引退しており、踊り子やお客がストリップという伝統芸を肌で感じることは難しくなっていた。

連載は二〇〇三年六月号で終了したが、私はそのあともストリップ劇場のある街、あった街を歩き続けた。誰かがそれぞれの街のストリップ劇場のことを書き残しておかなくてはならない、と思った。

本書は「さよならストリップ劇場」に大幅に加筆し、さらに「札幌編」を新たに書き加えたものである。

目次

第二章 新宿

第三章

船橋

第四章　札幌

【お断り】本書にはストリップ業界・風俗業界内で用いられている差別的な言葉や言い回しが出てきますが、ストリップ業界・風俗業界の実態を記録するという企画趣旨に鑑み敢えてそのまま掲載しています。

本文フォーマットデザイン　鈴木一誌

第一章 浅草

1 浅草との出会い

温かい街・浅草

武蔵野《むさしの》生まれの私にとって、もともと浅草は〝よその街〟だった。そんな私が浅草を好きになったのは二〇歳前後の悩み多き頃。何となく浅草寺《せんそうじ》を見たくなり、一人出かけた。

外国人、修学旅行生、観光客、街に住む人びと、馬券を買いに来る人、ホームレス、そして鳩――。当時も金龍山《きんりゅうざん》浅草寺を中心に、浅草の街は一年中賑わっていた。

参道の中心、仲見世《なかみせ》通りには土産物屋が肩を寄せ合ってぎっしり並ぶ。人形焼の甘い香りがしたかと思えば、煎餅を焼く醤油の芳ばしい香りが流れてきて、続いて揚げまんじゅうの油と甘さが混じった香りが鼻孔をくすぐる。どこかで子どものおもちゃの電子音が鳴る。派手な色使いのペラペラな着物や模造刀のジュラルミンの光、鼈甲櫛《べっこうぐし》の渋い色が次々に目に飛び込んでくる。まるで祭りの夜店のような統一感がない品々は見ていて楽しく、そのざわめきも妙に心地良かった。

そんな参道をかき分けていくと、モクモクと煙が立ちこめる本堂前に辿りつく。線香の煙には頭を良くするご利益があるらしく、人びとが挙《こぞ》って煙を浴びている。石段を上がると本堂だ。天井には天女や龍が描かれている。私が着いたときはちょうど昼座の時間帯で、六、七名のお坊さんがお経をあげていた。私は何か救われる思いでそのお経を聞いた。ふと、浅草寺は温かいなと思った。そのときから浅草寺は（信仰心とはまったく違う意味で）私の心の拠りどころの一つになった。

時折ふらっと訪れては、毎回通りを変えて散歩した。遊園地「花やしき」で今にも壊れそうなガタガタするジェットコースターに乗ったり、伝法院通りで古道具や踊り用の美しい色の着物を見たり、六区《ろっく》にあった常磐座で芝居を観たりしながら、浅草の街に少しずつなじんでいった。

浅草フランス座に魅せられて

そんな私が浅草に対してまったく別の感情を持つようになったのは、一九八九年（平成元年）七月、「浅草フランス座」の舞台に立ったときからだ。

一階の演芸場の横にある小さなエレベーターに乗り、フランス座入口へ行く。

「このエレベーター係がビートたけしだったのか」

エレベーターを降りると、テレビなどで見聞きしたフランス座ゆかりの芸人たちの顔を浮かべながら、一歩一歩踏みしめるようにして歩いた。

楽屋へ通じる廊下には舞台美術の大きなセットが置かれており、あたかもそこは芝居小屋のよう。都内のストリップ劇場としては珍しいことに楽屋は小部屋に仕切られており、専属の踊り子は事務所か舞台ソデ近くの部屋、よその踊り子は少し離れた部屋と決まっていた。

そして場内を見た瞬間、その圧倒的な広さに困惑した。本舞台は大劇場のように横幅が広く、高さもある。今は使用していないが、昔は二階席もあったようだ。それまで見てきたストリップ劇場の比ではない。五、六名のチームショーをするのには最適だが、一人ポツンと踊ったら見栄えがしないのではないか――そんな不安が頭をよぎった。

本舞台中央からは、長い花道が「デベソ」と呼ばれる小さな舞台に向かって伸びている。このデベソ、ほとんどのストリップ劇場では円形で廻る仕組みになっているが、フランス座のそれは長方形で廻らない。廻るデベソは踊り子が何もしなくても絵になるが、廻らないデベソは自らが工夫して全方位のお客さんに踊りを見せなければならないのでテクニックがいる。踊り子を育てるためにわざと廻らないデベソを拵《あつら》える劇場もあると言われる。もしかすると、フランス座にもそういった思惑があったのかもしれない。

しかし私を不安にしたのは舞台の広さや廻らないデベソだけではない。当時のフランス座には次のような独自のルールがあった。

・一階の「松竹演芸場」に響かないように音楽のボリュームは抑える。
・衣装拾い（自分の前の踊り子さんの衣装を片付けること）はコントさんがやるので踊り子は手を出さない。
・器具を使用する演し物やハードな内容の演し物はしない。
・連絡無しに一〇分以上遅れた者は「鰻重の刑」に処す。

当時、コロンビア人の踊り子を使ったり、こっそり〝本番マナ板ショー〟をやったり、〝個室サービス〟(別料金で個室へ入り、踊り子が手で処理する)を提供したりする劇場が増えるなか、この浅草フランス座は昔ながらの「ストリップ芸」を続けていた。遅刻した者に対し、従業員と踊り子全員(一四、五名)に対して高価な食事、すなわち鰻重(または寿司)をおごらせたのも、芸人・舞台人としての自覚がない踊り子が増えてきたということが背景にあったのだろう。その罰を受けた踊り子たちは、みな口々に「フランス座には乗りたくない」と言い、フランス座を恐れていた。

そんな伝統のある浅草フランス座だが、内部の老朽化は進んでいた。トイレを綺麗にしたり、楽屋の畳を入れ替えたりするなど少しずつ改装はしていたが、寂れたムードまでは拭えていなかった。コントの入る昔ながらの浅草ストリップを守ろうとするフランス座。そこには年齢を重ねていても「芸」で支持される日舞の踊り子さんが多くいたが、閑古鳥が鳴いていた。

それに引きかえ、今も浅草に残るもう一方の老舗ストリップ劇場「浅草ロック座」は、超一流の照明設備を持ち、愛染恭子❖などのトップクラスのAV女優をメインに据えた五、六名のチームショーや専属の踊り子の群舞などの豪華なショーで差別化を図っていた。はとバスの観光コースの中にも入っていて、「ロック座を他のストリップ劇場と一緒にしないでください」と挑戦的な文句で宣伝していた。

❖**愛染恭子**…(あいぞめ・きょうこ) 一九五八年、千葉県野田市生まれ。元AV女優。元ポルノ映画女優。ポルノ映画監督。旧芸名は青山涼子(あおやま・りょうこ)。

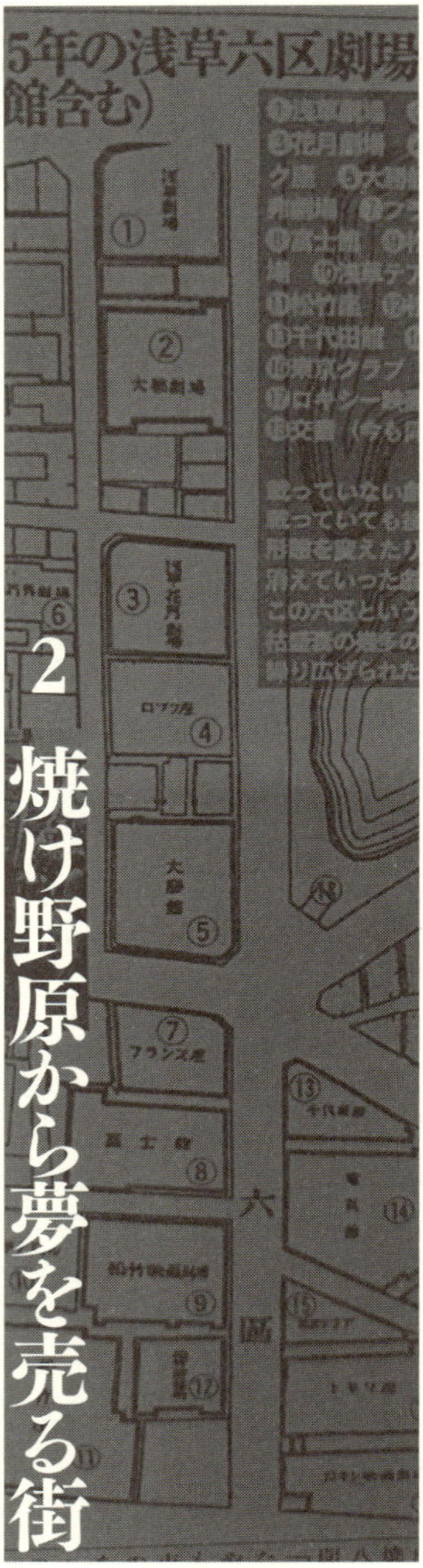

2 焼け野原から夢を売る街

風俗ライター・吉村平吉氏に聞く

二〇〇〇年（平成一二年）、浅草ストリップについて、浅草は吉原《よしわら》に住み続けている風俗ライターの先駆者である吉村平吉氏❖から話を聞いた。インタビューの場所は吉原にある、おふくろの味と安さが売りの定食屋だ。

「今どき焼売が二〇〇円っていうんだからね。そして美味しいでしょ」

八〇歳を迎えた吉村氏は、焼酎を片手に懐かしそうに語ってくれた。

吉村氏の浅草通いは一九三七年（昭和一二年）に始まる。悪ガキ仲間に誘われて六区の興行街へ行き、レヴューを観たという。

「その頃はね、大正デモクラシーが残っていたんですよ、浅草にはね。不良に優しい街だった。当時私は旧制中学三年（一四歳）。〝エノケン一座〟のレヴューを観てね、世の中、こんなに面白いものがあったのかって感激してね。それから通いましたよ。学校そっちのけで毎日のように観ていた。それでも何とか学校を卒業させてもらった頃、私は臆面もなく、レヴュー台本を書いて楽屋を訪ねたんです。その台本の何が良かったのかわからないけど、文芸部見習いになれたんです。といっても三〇人くらいいた一番下っ端だけどね。ちゃんと給料ももらっていた。けっこう良い給料でしたよ」

エノケン

「エノケン」こと榎本健一❖率いる「カジノ・フォーリー」が発足したのは一九二九年（昭和四年）。喜劇の中に歌やダンスを織り交ぜたレヴュー形式の舞台だ。作家川端康成❖がこれを題材に『浅草紅団❖』を書き上げ、その小説がヒット作となったことで、カジノ・フォーリーの名は全国的に知れ渡った。レヴューブームが起こると浅草には多くのレヴュー劇団が登場した。「笑の王国」の古川ロッパ❖や「シミキン」こと清水金一❖、「あきれたぼーいず」の川田晴久❖や益田喜頓❖、坊屋三郎❖など。そのときすでにトップスターの道を歩んでいたエノケンは、自分の劇団を次々に作っていった。

そのうちの一つの劇団が一九三一年（昭和六年）に発足した「プペ・ダンサント」だ。プペ・ダンサントは次のようなプログラムを上演

❖**吉村平吉**…（よしむら・へいきち）一九二〇―二〇〇五年。東京都赤坂生まれ。一九三七年頃、近所の仲間と観た浅草でのエノケン一座のレヴューに感激して一座の台本を書き文芸部の見習いとして入座した。のちに劇団「空気座」の責任者となったが、劇団が倒産し、一九五〇年末頃からは上野・浅草・新橋の売春地帯でポン引きをして生活した。そのあと風俗ライターとなり、野坂昭如の小説『エロ事師たち』のモデルにもなった。享年八四。主な著書に『吉原酔狂ぐらし』『浅草のみだおれ』（以上、三一書房）がある。

❖**榎本健一**…（えのもと・けんいち）一九〇四―七〇年。東京都生まれ。俳優、歌手、コメディアン。「日本の喜劇王」と呼ばれ、エノケンの愛称で広く全国に知られる。

❖**川端康成**…（かわばた・やすなり）一八九九―一九七二年。大阪府生まれ。小説家、文芸評論家。横光利一らとともに同人誌『文藝時代』を創刊。一九六八年、日本人として初のノーベル文学賞を受賞。代表作は『伊豆の踊子』『抒情歌』『雪国』など。七二歳でガス自殺。

❖**浅草紅団**…（あさくさくれないだん）川端康成の長編小説。昭和初頭の浅草の人間模様を見聞記風・叙事詩風に描いた作品。

❖**古川ロッパ**…（ふるかわ・ろっぱ）一九〇三―六一年。東京都生まれ。コメディアン。エッセイスト。文筆活動では「古川緑波」。

していた。

一、殴られる興三　五景
二、グロテスクレヴュー
髑髏の怪人　六景
三、變格的グランドオペラ
五十萬圓懸賞　一幕
四、コメディ
ホネームン　一幕
五、ヴァラエテー　一〇種
六、ナンセンスレヴュー
西遊記　一八景

また、エノケンの歌う歌には替え歌が多かった。洋楽『ダイナ』は次のように歌われた。

ダーンナ、呑ませてちょうダーイナ
おごってちょうダーイナ
たんとは呑まなーい

❖**清水金一**…（しみず・きんいち）　一九一二―六六年。山梨県生まれ。俳優、コメディアン。浅草の軽演劇およびトーキー初期を彩るミュージカル・コメディのスターとして知られる。愛称シミキン。
❖**川田晴久**…（かわだ・はるひさ）　一九〇七―五七年。東京都生まれ。俳優、歌手、コメディアン、ボードビリアン。いわゆる「ボーイズもの」の創始者。
❖**益田喜頓**…（ますだ・きいとん）　一九〇九―九三年。北海道生まれ。俳優、コメディアン。
❖**坊屋三郎**…（ぼうや・さぶろう）　一九一〇―二〇〇二年。北海道生まれ。芸人、俳優。
❖**菊谷栄**…（きくや・さかえ）　一九〇二―三七年。青森県生まれ。画家、喜劇作家。
❖**女子挺身隊**…（じょしていしんたい）　大日本帝国が第二次世界大戦中に創設した勤労奉仕団体のひとつ。

ダーンナ、盃ちょうダーイナ
コップならなおケッコウ
こいつはケッコウ

「エノケンはね、演技力もあったし歌もうまかった。本物のスターだったね。それに文芸部の作家、菊谷栄❖先生を始めとして、良い作家が揃っていた。月に二回演目を変えていたから、書く方も大変でね。下っ端のあたしは付け帳を書いたり、台本のガリ版切ったりしていました。当時の劇団名は「ピエル・ブリヤント」と言って、ダンシングチームを含めて百数十人の団員、二十数名の管弦楽団を抱えていました。その当時のナマの舞台を観られて、関われたことが本当に良かったです。すっかりレヴュー青年になりましたからね。今だってそうですよ（笑）。文芸部の先輩たちはアスビ人（遊び人）ばかりで、連日浅草中に連れて行ってもらいましたね。本当にいい時代ですよ」

いかに楽しい夢の時間を過ごしたかということをキラキラ輝く吉村氏の眼が物語っていた。

浅草の戦中・戦後

第二次世界大戦が始まると、英語由来の言葉は排除され、レヴューは「軽演劇」、ジャズは「軽音楽」と呼ばれるようになった。一九四四年（昭和一九年）、松竹座の松竹少女歌劇団は解散となり、劇団員たちは女子挺身隊❖として銃後の守りについた。

浅草の街は空襲が予想されたため、「公園劇場」「遊楽館」「万成座」「オペラ館」「松竹演芸館」「義太夫館」「三友館」「東宝小劇場」「大東京」「昭和座」など、木造の劇場は取り壊された。そんななか、残った劇場では映画や軽演劇を続けていたという。

「もちろんですよ。皆、明日をも知れぬ身ながら、舞台も客席も凄い熱気でね」

吉村氏は出征したが、五体満足で復員した。しかし浅草は、浅草観音堂全焼。吉原・玉の井周辺も全て灰となっていたそうだ。

「だけどね、大劇場で外観だけ残っているようなところがいくつかあって、ベニアで仕切ったりしながら、すぐに再開していましたね」

それはどうやら空襲の一カ月後のことだったらしい。それから三カ月後の一九四五年（昭和二〇年）七月までに一四館が開館し、観客動員数は六万七〇〇人だったとか。さすがは夢を売る街だ。

その後吉村氏は、師匠筋にあたる劇作家兼演出家の小崎政房❖に誘われ、有島一郎❖、堺駿二❖などと劇団「空気座」を作った。

「あたしはこの浅草の軽演劇界がよくなってくれれば、と思っていたのですが、いつの間にか代表者にされちゃいましてね。オヤジの金を大分つぎ込んだ（笑）。やっぱり劇団の経営なんてやるもんじゃない」

私も小規模ながら劇団運営に携わったことのある者の一人として、その辛さは身にしみてよくわかる。

一九四七年（昭和二二年）、空気座が渋谷東横デパート内にあった大劇場で公演したとき、同じデパート内にある小劇場の方では「東京フォーリーズ」という劇団が『乳房の天プラ』なる珍妙なタイトルで公演していた。その『乳房の天プラ』という芝居は女性の乳房がチラリと見えると評判になり、空気座はそちらにすっかり食われてしまったという。

しかしその後、田村泰次郎❖原作『肉体の門』を劇化して上演すると、たちまち空気座は世に知れわたった。

「それはすごかったですよ。リンチシーンはある、おっぱいポロリもある。初演は新宿帝都座。次に浅草ロック座。この年から新宿帝都座では額縁ショーを始めたでしょ。皆、おっぱいを見ることに飢えていたんだね。だけど『肉体の門』は、脚本も演出も良かった。テンポがあってミュージカルだったんだから」

――これからは美しい女の裸ですよ

浅草の地で最初にハダカを見せたのは「常磐座」で公演した森川信❖一座で、一九四七年(昭和二二年)二月のことだった。松竹系の常磐座は、歌舞伎に始まり、浅草オペラ、安来節、軽演劇と時代にあわせ演目を変えていった。

その年の八月一五日、映画館「万成座」があった地に、浅草初のハダカショー専門館「ロック座」が開館した。渋るオーナーの草野稲穂に対し、

「これからは美しい女の裸ですよ」

❖**小崎政房**…(おざき・まさふさ) 一九〇七―八二年。京都府生まれ。俳優、劇作家、演出家、映画監督。
❖**有島一郎**…(ありしま・いちろう) 一九一六―八七年。愛知県生まれ。俳優。有島一郎一座に始まり、小夜福子一座、劇団たんぽぽ、劇団空気座、松竹大船、東宝芸能を経て、最後はフリーだった。
❖**堺駿二**…(さかい・しゅんじ) 一九一三―六八年。東京都生まれ。コメディアン、喜劇俳優。「喜劇の神様」と称され、実子にマルチタレントの堺正章がいる。
❖**田村泰次郎**…(たむら・たいじろう) 一九一一―八三年。三重県生まれ。小説家。
❖**森川信**…(もりかわ・しん) 一九一二―七二年。神奈川県生まれ。俳優、コメディアン。

と言ってこのハダカショー専門館を建てることを強く勧めたのが、「新宿帝都座」で〝額縁ショー〟を手かけた秦豊吉❖であった。

しかしハダカと言っても、当初はレヴューの影響を強く受けていたため、今のストリップとはまったく異なるものだった。当時のロック座の客席はなんと四七二席で、オーケストラボックスやグランドピアノもある総経費七五〇万円という豪華な劇場であった。入場料は七〇円に設定されていた。

軽演劇への望みも捨てきれなかったのか、ロック座には伴淳三郎❖を座長とする軽演劇部門もあった。しかし一度ハダカを見せてしまったら、お客はやはりハダカ見たさにやってくる。結局、軽演劇部門が上演されることはなく、伴淳三郎も辞めてしまった。

そこへきての空気座による『肉体の門』の上演だった。たちまち満席になることは目に見えていた。

「上野から本物のパンパンが観にきて応援してくれましたよ。びっくりしたけど嬉しかったですねぇ。『肉体の門』は全国で一〇〇〇回公演やりました。そりゃ儲かりましたよ。六〇〇万くらいね。借金も三〇～四〇万円ありましたけど全て返せましたから。当時日本の市民は、まだまだいろいろと抑えつけられていましたから、その抑圧の反動みたいなもので、こういったものに飢えていたのでしょうねえ」

❖**秦豊吉**…(はた・とよきち) 一八九二―一九五六年。東京都生まれ。実業家、演出家、翻訳家、随筆家、興行師。

❖**伴淳三郎**…(ばん・じゅんざぶろう) 一九〇八―八一年。山形県生まれ。コメディアン、俳優。愛称は「バンジュン」。

3 浅草ストリップ

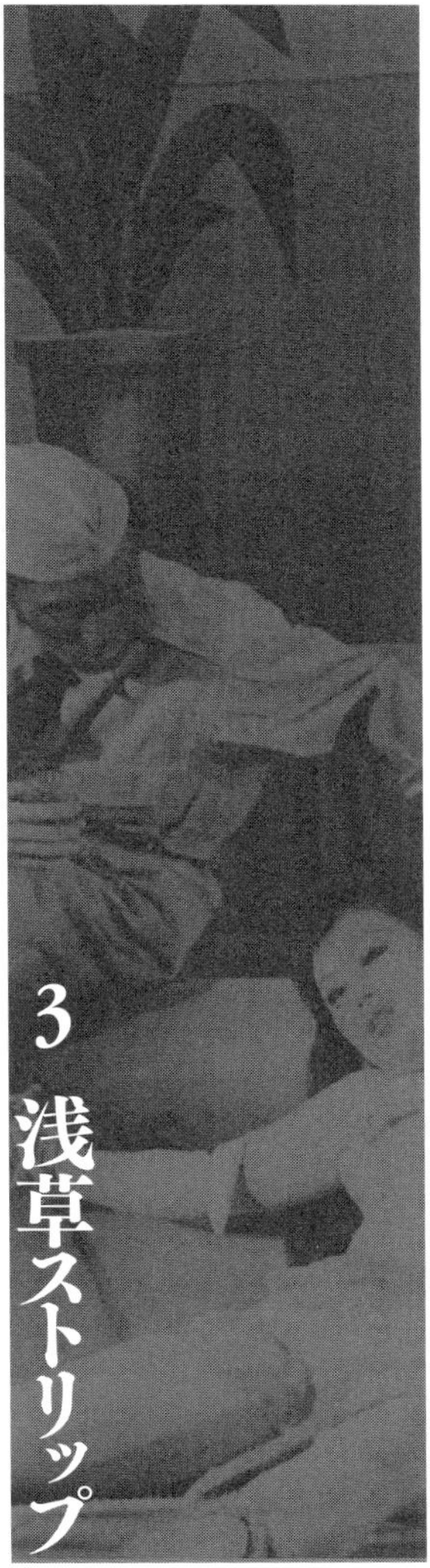

ストリップのはじまり

『肉体の門』の大ヒットに着目した松竹は、一九四八年（昭和二三年）、常磐座を根城とする劇団「新風俗」を発足させ、田村泰次郎原作『春婦伝』などを上演して空気座に対抗してきた。

「大資本にやられたらかなわない。空気座の危機ですよ。だけどそれだけではなく、ハダカに食われ始めていた。踊り子は脱ぐと一〇〇〇円貰えた。大部屋の女優や普通の踊り子がどんどんハダカショーに転身していった。空気座の最後は団員が一〇〇人くらいいたんじゃないかな。わたしは再びの経営苦にドロンしましたけど」

常磐座ではヘレン滝❖らが同時上演で「ストリップショー」をやっている。「ストリップ」「ストリッパー」という言葉を作ったのは、演出家でもあった正邦乙彦❖。戦前は東亜映画の俳優で、のちにエノケ

❖**ヘレン滝**…（へれん・たき）生年不詳。ストリッパー。別名滝洋子。正邦乙彦によってスカウトされる。一九四八年六月「猥褻物陳列罪」で逮捕。アルコール依存症のため引退。

❖**正邦乙彦**…（まさくに・おとひこ）映画俳優。軽演劇役者、ストリップ演出家。一九四八年から「常盤座」で「ストリップ・ショウ」という名称を使い出す。一九五〇年代にはジプシー・ローズのブームを仕かける。

ン一座の中堅役者も務めている。英語の「ストリップティーズ」は、「脱いでいく」という意味だが、「ストリップ」だけを取り出したことで日本人にとって発音しやすく覚えやすい言葉となった。

同じ頃、ロック座では三角形の小さな布をテグスでつないで股間に貼り付けただけのもの（通称「オマアテ」、のちに「Gストリング」と正邦が命名）を使用し、露出度を一気に高めた。ここから〝露出度合戦〟のようにストリッパーはGストリングを付けるようになっていった。

これら一連の動きに対し、さすがに警察も黙っていられなくなった。常磐座でヘレン滝演ずる『覗かれた肉体』が問題であるとして、公然猥褻罪で正邦を逮捕した。なお、このときの調書で正邦がGストリングのことを「バタフライ」と呼んだことで、また新しい言葉が生まれている。

作家永井荷風❖のストリップ好きは有名な話だが、彼がストリップに通い出したのもこの時期であった。当時七〇歳の永井は劇場の楽屋に入り浸り、台本まで手がけている。一九四九年（昭和二四年）から一九五〇年（昭和二五年）にかけて上演された、「大都座」の『停電の夜の出来事』『春情鳩の街』、ロック座の『渡鳥いつかへる』は永井が脚本を書いている。


❖永井荷風…（ながい・かふう）一八七九―一九五九年。東京都生まれ。小説家。

ダンサーの転向

警察がうるさくなったので劇場はハダカを堂々とは見せることはなくなったものの、ハダカを出さないとお客は呼べない状況でもあった。

お金につられてブラジャーを取りストリッパーになるダンサーがますます増えていた。当時、キャバレー回りの踊り子にはランクがあったが、それは踊りの良し悪しではなく、どこまで脱ぐかという観点から次のように振り分けられていた。

・Aランク：チラ見せ
・Bランク：トップレス
・Cランク：ノーヌード

国家公務員上級職の大卒初任給が二九九〇円のこの時代、ストリッパーの月収は一万円だった。「女でありながらも一旗揚げた」と優越感を抱いたダンサーも多かったことだろう。しかしその一方で、心の奥底には「裸を売ってしまった」という劣等感もあったかもしれない。一九五〇年以降、〝ヒロポン❖〟がダンサーの中で蔓延していった。当時の状況を吉村氏は次のように話した。

「当時は合法でどこでも買えましたからね。周りの人はほとんどやってました。ヒロポンやらなかった人の方が少なかった。ヒロポンやらない奴は酒に溺れてました。いろんなことで辛かったんだろうね。あたし？　あたしは三、四回しかやらなかった。注射が好きじゃないから。でもやるとスゥーっと元気になってやる気がみなぎるってくるんですよ。急にいろんなところ掃除したりして(笑)」

また、東京では恥ずかしいという意識から横浜へ流れていく者も多かった。のちに「国際セントラル劇場」となる「横浜オペラ館」は正邦乙彦がプロデュースしていた。吉村氏はそこへ度々遊びに行っていたそうだ。

❖**ヒロポン**…戦後流行した覚醒剤。

「まさにそこは軽演劇の世界でしたね。梁山泊って言うのかな。いろんな人たちが集まっていて楽しかったね。この頃くらいまでじゃないかな。ストリップ全盛期は。流行りはダメになるのも早いからね」

ジプシー・ローズの登場

急成長していくストリップ界で、数々のストリッパーがスターの座を獲得していった。なかでも伝説のストリッパーといえば、ジプシー・ローズ（デビュー時はローズ・マリー）。デビューは一九四九年（昭和二四年）六月。吉村氏の話によると「二分の一の白系ロシア人」ということで、その顔立ちや肉体のボリューム感はそれまでのストリッパーとはまるで違っていたという。ジプシー・ローズを育てたのは、のちに夫となる演出家・正邦乙彦。デビュー翌年には、腰を一分間に六〇回転させるという誰にも真似できない技を身につけて、〝グラインドの女王〟と呼ばれるようになった。著名人らも彼女を絶賛する文章を発表している。板画家の棟方志功❖は、

「ジプシーの肉体は神である」

と言っている。また、作家吉行淳之介❖は次のように書いた。

「大きな女という印象があったが、百六十センチ足らずで、いまでは普通の背丈である。ここに、時代が感じられるが、やはり大きな猫といった印象があった。髪は真っ黒だったが、のちには金髪に染めたり、カツラをかぶったりしていた。ただ、混血ということに劣等感を持っていて、純血と主張していた。ここにも、時代を感じるが、やはり混血だったらしい。（中略）乳房が四つあった。斜め

上に副乳が一対あったわけだが、平素は目立たなかった。副乳の持ち主は、情熱的だといわれているが、その通りだった。とても気持ちのいい女で、天衣無縫、赤ん坊みたいだった」（『私の東京物語』）

その頃のことを吉村氏は次のように話した。

「昭和二三、二四年は、ストリップショーがどんどん増えていきましたね。そんなこともあって劇団空気座は解散していったんです。浅草はストリップに席捲されていった。空気座を解散してから私は吉原のほうへ入り浸りになったので、以降のショー関係のことはよく知らないけども、ジプシー・ローズと旦那の正邦氏とは、ジプシーが日劇ミュージックホールに移ってから彼女が死ぬまで付き合いがありました。

正邦氏は文学青年でミステリーばっかり読んでいた。彼の和製英語は一九四一年、女流作家ジプシー・ローズ・リー❖が書いたミステリー小説『Gストリング殺人事件❖』からとったものでしょう。この小説はまさにストリップ劇場での話でしたね。それでジプシー自身も本好きだった。だから楽屋でも孤立してましたね。変わり者なんて言われてね。旦那の正邦氏はヒロポンの王様だったけど、ジプシーはやらなかった。だから酒に溺れて死ぬわけでしょう。

晩年になって〝イスの踊り〟なるものを正邦氏はジプシーのために演出したのだけど、表向きは、キャバレーなどのフロアショーでは舞台も照明も整っていなく、大した踊りを見せられない

❖**棟方志功**…（むなかた・しこう）一九〇三—七五年。青森県生まれ。板画家。一九四二年以降、版画を「板画」と称し、木版の特徴を生かした作品を一貫して作り続けた。一九六七年、文化勲章を受章。

❖**吉行淳之介**…（よしゆき・じゅんのすけ）一九二四—九四年。岡山県生まれ。小説家。代表作に『驟雨』『砂の上の植物群』など。対談やエッセイの名手としても知られた。

❖**ジプシー・ローズ・リー**…一九一一—七〇年。アメリカ合衆国のストリッパー、女優、作家。

❖**Gストリング殺人事件**…ジプシー・ローズ・リーが執筆した推理小説。一九四一年にアメリカで出版され、日本でも一九五〇年、汎書房から黒沼健翻訳で出版されている。

から、ということになっているけども、実際のところ、アル中で立っていられなくなったんですよ。正邦氏は演出家だからジプシー・ローズをトップスターに作り上げた。何から何まで演出してね」

演出家が〝スター〟を作り出すことは芸能界では当たり前かもしれないが、当時はそれがストリップでも行なわれていたことに驚く。一九八〇年代以降はアダルト雑誌が普及し、アイドルのように売り出されたストリッパーも多かったが、スターというほどではなかった。スターを生むためには、演出の力だけではなく踊り子自身に芸の力が必要なのかもしれない。

珍名な舞台タイトル合戦

浅草ストリップショーはアイデア勝負の時代へと入っていく。浅草美人座の『お客参加型入浴ショー』、天上にレールを付けワゴンに乗せたストリッパーを下から見上げる国際セントラル劇場の『天女の足の裏ショー』、立板に胸の所だけ穴を開け乳房を出す浅草公園劇場の『私は誰でしょう』、さらにそれを当てたお客には招待券を出すというショー。浅草座では年末に『ハダカ忠臣蔵』を演《や》り、大入り満員だったという。

さらに、タイトル合戦とばかりに、ロック座の『マンゴとバナナ』、国際セントラルの『あそこ祭り』『あなたのアソコは私のアソコ』、浅草座の『ハメ町河岸』など、珍妙なタイトルが増えていった。作家吉行淳之介は、当時の傑作タイトルは日劇小劇場の『女のパクパク』だとエッセイに書いているが、この「パクパク」はさすがに摘発されてしまった。

ストリップ専門劇場が少しずつ増えていくなか、浅草美人座が初めて〝ストリッパー研究生〟を公募した。看護婦・モデル・ビジネスガールなど八名からの応募があったという。少ないようだが、一九五〇年（昭和二五年）に八名もの一般女性が、裸を晒《さら》してもよい、ストリッパーになりたいと思ったことに驚く。心のどこかに「スポットライトを浴びてみたい」「有名になりたい」といった欲もあったのかもしれない。

女剣劇

一九五一年（昭和二六年）、吉村氏が愛してやまなかったエノケン一座が解散した。その頃は、ストリップ自体が頭打ちとなりつつあった。そんななかで頭角を現してきたのが〝女剣劇〟であった。女が

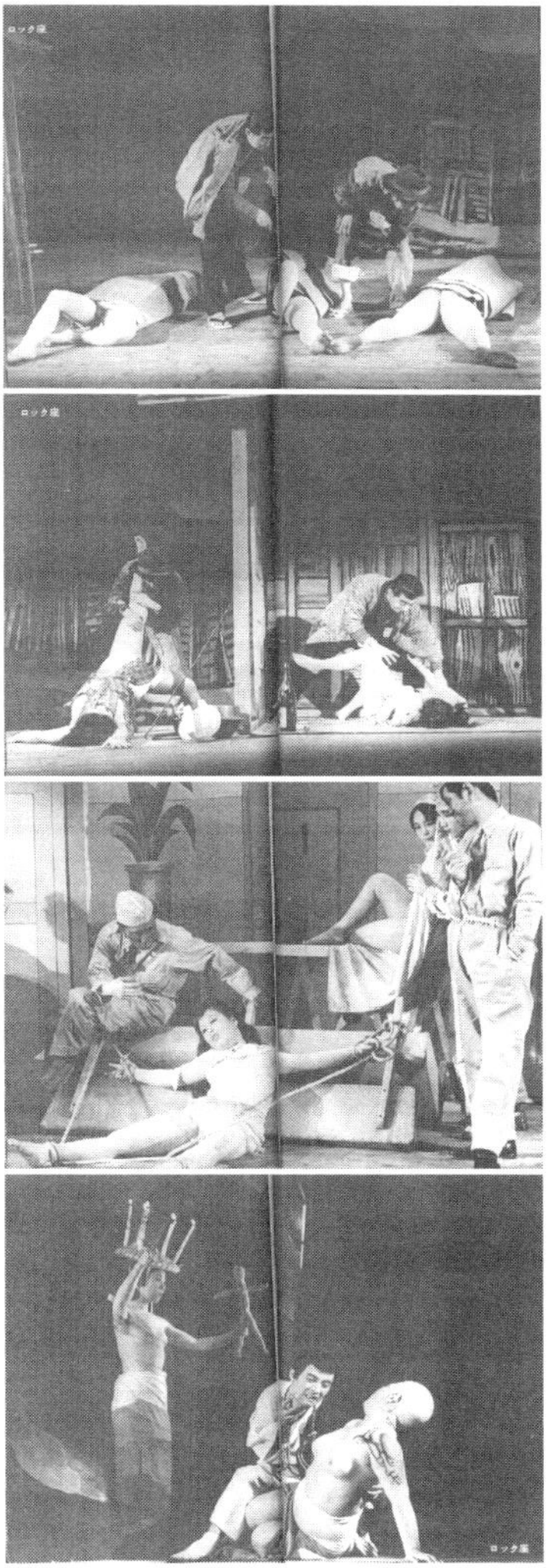

当時の舞台の様子

男役や鉄火肌の姉御を演じ、立廻りでバッタバッタと男を斬っていく。着物の裾をまくり上げたときにチラリと見える太ももが評判を呼んだ。浅草で人気があったのは、大江美智子❖一座、不二洋子❖一座、浅香光代❖一座、富士嶺子❖一座、大利根淳子❖一座などであった。ちなみに「女剣劇」という言葉は、宣伝のため新聞記者が付けたものだ。

この年の一〇月一八日、六区三友館跡地にロック座の姉妹館として「浅草フランス座」が開場した。入場料は一〇〇円。裸だけを売りものにしないという方針のため、脱がないダンサーも抱えていた。ロック座からフランス座へ移っていった踊り子が多かった。

一方ロック座には、関西からのチームがやってきた。『日舞浮世絵ショー』。フィナーレでは踊り子が皆、両肌を脱いで真っ赤な腰巻ひとつになり、白い布を降ってお客に笑顔を振りまく。この一座にいたのが、まだ一七歳の清水田鶴子❖。器量よし、きっぷよし、底抜けに明るいと大評判で人気者になった。当時の写真を見ると、丸顔で目はパッチリ、エクボが可愛い女の子だ。それまでの踊り子のスターは、スレンダーでお姉さま的な美人顔であったから、あどけなさの残る清水田鶴子は新しいタイプのスターだったのではないだろうか。

作家永井荷風は、

❖**大江美智子**…（おおえ・みちこ）　女剣劇女優の名跡である。初代大江美智子（一九一〇—三九年）は「大江美智子一座」を旗揚げした。二代目大江美智子（一九一九—二〇〇五年）は初名大川美恵子（おおかわ・みえこ）。初代の弟子であり、一九七〇年に一座を解散した。

❖**不二洋子**…（ふじ・ようこ）　一九一二—八〇年。香川県生まれ。（女剣劇）女優。一九三〇年代以降、初代・二代目の大江美智子とともに女剣劇の全盛期を築きあげた。

❖**浅香光代**…（あさか・みつよ）　一九二八—二〇二〇年。東京都生まれ。女優。夫はコメディアンの世志凡太。「チラリズム」と称される概念を生み出した。

❖**富士嶺子**…（ふじ・みねこ）　（女剣劇）女優。

❖**大利根淳子**…（おおとね・じゅんこ）　（女剣劇）女優。

❖**清水田鶴子**…（しみず・たつこ）　明石潮の剣劇一座に属する二枚目・朝日市郎が主となり組んだ一座のスターとして抜擢される。

❖**小沢昭一**…（おざわ・しょういち）　一九二九—二〇一二年。東京都生まれ。俳優、俳人、エッセイスト。俳号は小沢変哲。劇団「しゃぼん玉座」主宰。

「八文字踏むや金魚のおよぎぶり」

と彼女に俳句を贈った。また、俳優小沢昭一❖も彼女のファンであったとエッセイに書いている。

吉村平吉氏は彼女の人気ぶりについてこう話した。

「当時の清水田鶴子人気は、本当にすごかったですよ。小沢昭一もストリップファンだったからね。通ったらしいよ。でも彼は踊り子を綺麗に見過ぎるんだよ。プラトニック的にね。わたし？　その頃は吉原大学ですからね。もっぱら娼婦に入れあげて、欲望を発散して……（笑）」

円形舞台デベソの設置

一九五一年（昭和二六年）一一月二五日、「浅草ショー劇場」が「浅草座」の姉妹劇場になり、屋号を「美人座」として再出発した。客席の上に太鼓橋のようなアーチを取り付けたほか、客席の中央に直径三メートルほどの円形舞台を設けて花道でつなぐ、いわゆる〝デベソ〟〝ボン〟の原型となる舞台を開発した。そしてフィナーレではストリッパー全一四名が「また来てねーっ」と叫ぶようになったという。本来踊り子はしゃべらない。このしゃべる踊り子によって、踊り子が雲の上のスターという存在からグッと身近な存在へと変化していった。

さらに美人座では『風呂桶ショー』と題して、中央の円形舞台に風呂桶を置き、踊り子の背中を客が流したり、風呂桶の下に付いている竹筒で湯船の中を覗かせるという演目を編み出した。湯船の中を覗いても女性の秘所は見えるはずがないと思うのだが、当時はそういったカラクリに客は素直に感激していたのだろう。この興行は大ヒットとなり、六カ月のロングランとなった。

ストリップ初登場から四年余りで、演目は〝お客参加型〟へと変わりつつあったのである。吉村氏が語っていた「おっぱいに飢えていた」時代はあっという間に過ぎ、欲望は「もっと見たい」から「近くで見たい」「触れてみたい」へと変化していった。

責め絵師・伊藤晴雨

それでもまだ軽演劇への望みを捨てきれなかったのか、「百万弗劇場《ひゃくまんどる》」が開館した。しかしわずか一二日目で休演せざるを得ないほどの厳しい客入りだった。休演から一週間後、『雪責地獄之生娘』『火責め、水責めの女』という新しいプログラムを急遽上演することになった。伊藤晴雨❖がプロデュースしたグロテスク劇とストリップの併演である。伊藤晴雨は一八八二年（明治一五年）に浅草に生まれ、青年期に芝居小屋に入り浸るうちに芝居の看板絵描きとなり、その後、毎夕新聞社に入社して挿絵や劇評も手がけるようになった画家である。晩年、竹久夢二❖のモデルお葉（鈴木かねよ）や妻をモデルに責め絵を描いたため「責め絵師」として知られている。その晴雨の写真や絵を看板にして好奇心を煽る作戦が功を奏したのか、新しいプログラムは評判になった。その舞台の様子が記された文章がある。

「火責めの場面となる。十字に交叉した磔台《はりつけだい》が立てられ、腰に赤い湯文字をまとっただけの女が、数人の武士にかつぎ出され、十字になった柱に、足、手、胴と縛り上げられ、首をうなだれたまま客席の方へ真正面向いているので、女の全身はいやでも観客の目に晒される。（略）薪の中の赤電球が

❖**伊藤晴雨**…（いとう・せいう）一八八二―一九六一年。東京都生まれ。画家。責め絵、幽霊画を得意とする。

❖**竹久夢二**…（たけひさ・ゆめじ）一八八四―一九三四年。岡山県生まれ。画家、詩人。数多くの美人画を残しており、その抒情的な作品は「夢二式美人」と呼ばれ、大正ロマンを代表する画家で、「大正の浮世絵師」などとも呼ばれる。

つき磔柱に縛られた女の身体を下から赤々と照らし出す。と同時に左右の赤ライトの照明が磔台に集中する。女は「うーう」と声を挙げて自由にならない身体を身もだえする。立木に縛られた娘にも青竹が振り下ろされる。柔肌を青竹のムチで責められ、悲鳴を挙げる。磔の女と立木の娘の悲鳴と青竹の音が三重奏となって客席に流れてくる。この責め場が数分続くが、責めが最高潮に達したとき、救いの男が現れ、悪人たちを斬り倒して娘達を助け、幕となる」(本田由郎「責めの芝居雑考」、『奇譚クラブ』一九五六年七月号)

こうしてアブノーマルな演目も加わったストリップ業界。一九五二年(昭和二七年)には東京のストリップ劇場は一四館になり、その約半数が浅草六区にひしめきお客を取り合った。この頃になると、興行自体の質が落ちて踊れない踊り子が増え、急拵《ごしら》えの粗悪な劇場も出てきていた。

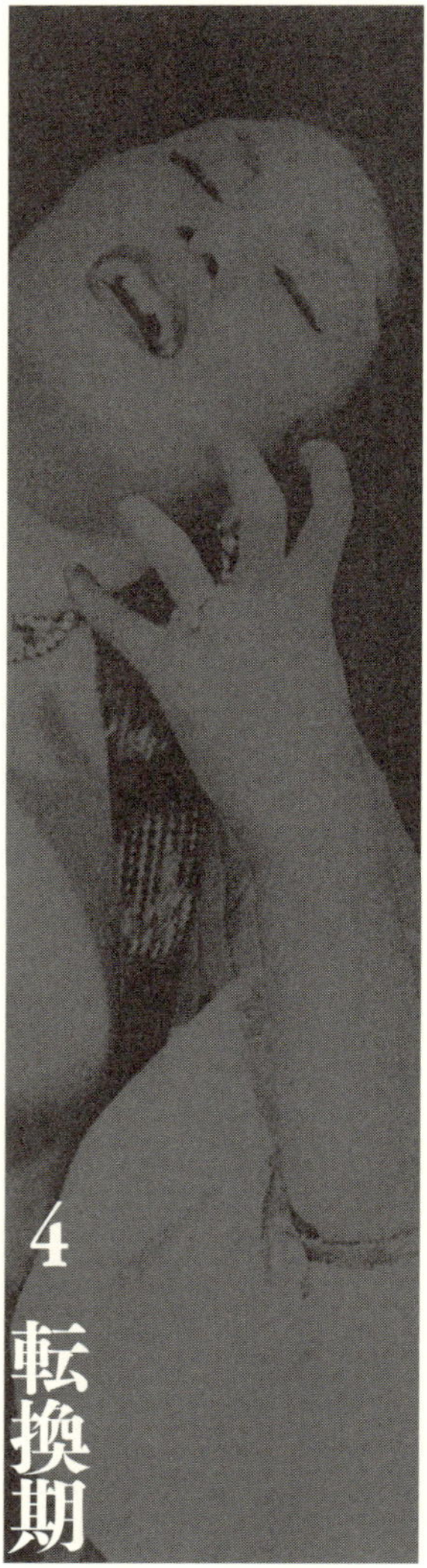

4 転換期

脱ストリップ

浅草六区にストリップ劇場が乱立し、粗悪な舞台が繰り広げられていた一九五〇年代。ときを見計らったかのように、「日劇小劇場」が改装され、「日劇ミュージックホール」が開館した。日劇ミュージックホールは〝脱ストリップ〟を掲げ、ショーの企画・構成に重点を置いた。また、舞台には円形のせり上がりを設け、衣装・照明・演出も一流のスタッフを揃えてスタートした。

しかし裸無しで勝負するはずの日劇ミュージックホールも客が不入りだったため、少しずつトップレスダンサーを加えていった。それでも客席を埋めることはできず、ついにストリッパーの引き抜きを始めた。声がかかったトップクラスの踊り子たちはマスコミ向けの宣伝として「ストリップ廃業宣言」を発表し、日劇ミュージックホールへ移っていった。元は普通ショーのダンサーたちだ。ストリップ劇場が徐々に過激になり、その演出に嫌気が差していた踊り子は少なくなかっただろう。「ダンサーとして踊りたい」「中身（構成）で勝負したい」と思っていたところに日劇から声がかかったのではないか。

結局、日劇ミュージックホールは大成功を収め、その名は全国に知れわたるようになった。これにあやかろうと、劇場名を〃〇〇ミュージック〃と変更するストリップ劇場が増えたくらいだ。

しかしその一方で、日劇ミュージック・ホールに対抗する劇場や踊り子もいた。ジプシー・ローズもその一人だ。群舞の中に混ざらず、あくまでも独自の踊りと個性で勝負しようとしていた。

ヒモさんの役割

この頃、ストリッパーの人数は一五〇名を越えていた。そこで増えていったのが〃ブローカー〃や〃ヒモさん〃である。当時この業界にはまだ芸能事務所が存在しなかったため、踊り子を劇場に紹介したり引き抜いたりするのはブローカーの仕事だった。彼らは双方からマージンをもらうことで生計を立てていた。その頃ブローカーは五〇名ほどいたという。

ヒモさんは、その呼び名の通り、踊り子の亭主あるいは恋人のような存在である。しかしストリッパーのヒモさんはマネージャーに近い役割を持

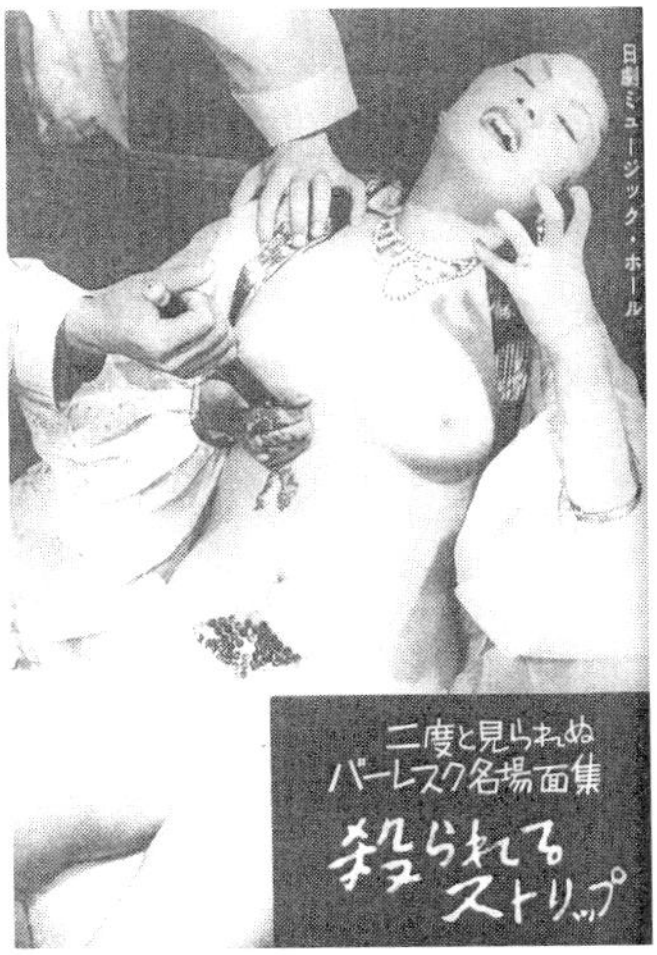

日劇ミュージックホールの一場面

っていた。その踊り子の仕事先を決めたり、移動時に荷物を持ったりするのはもちろん、踊り子の愚痴を聞いてなだめるのもその役割だ。一九八〇年後半までヒモさんは楽屋で見かけたが、「ヒモさんの楽屋出入り禁止」という掟ができてからは見なくなった。ヒモさんにはもちろん定職などない。ずっと楽屋にいて人当たりが良く、いろいろなおねえさんと仲良くなる。だからトラブルも絶えなかった。私が入った頃はヒモさん付きの踊り子は個室の楽屋だったのでその実態はよくわからなかった。ヒモさんの存在はどこか触れてはいけないことのように感じていた。

ストリップ業界の危機

一九五三年(昭和二八年)、浅草座は「ストリップはワイセツではない」ということをアピールする狙いもあって早稲田大学演劇博物館に衣装や未使用のバタフライを寄贈し、マスコミを賑わした。

しかしそのような努力もむなしく、翌年、ストリップ業界は窮地に追い込まれる。これといったスターが現れないなかで、警察の取り締まりが強化されていったのだ。それまで警察に目を付けられていたのは支配人や舞台上にいた踊り子だけだったが、振付師や演出家、コメディアンまでもが「公然猥褻幇助」で一〇日間勾留されたり、ジプシー・ローズが得意としていた〝グラインド(腰を回す)〟や〝ヴァンプ(腰を振る)〟といった振付も制限されたりした。明らかに警察はストリップを潰そうとしていた。

これを受けて劇場側は一層自粛していったが、そうなると当然客は離れていく。その結果、都内のストリップ劇場は一四館から七館に減った。そのうち浅草に残っていたのは、ロック座、フランス座、浅草座、カジノ座の四館である。

ジプシー・ローズは、夫・正邦乙彦がプロデュースしていた常設小屋が閉館となったことで行き場を失った。独自のスタイルを守り続けてきたジプシーもここでついに日劇ミュージック・ホールへ移り、ストリッパーからヌードダンサーへと転向した。

踊り子の自殺

ストリップ業界が危機に直面するなか、踊り子たちのあいだではヒロポンが蔓延し、自殺や引退が増えていった。ヒモさんとの男女関係や将来のことなど、トップクラスでない二〇代の踊り子たちの悩みは尽きなかっただろう。元の社会に戻りたいと思っても、高給で華やかな世界にいた者にとってそれは簡単なことではない。私が舞台に立っていた時代にも精神的に追い込まれ自殺した踊り子の話はいくつかあった。ステージで見せる顔と化粧を落とした本当の自分。踊り子一人ひとりがライバルである女の世界。ストリッパーはいつの時代も悩みを一人で抱え込みやすい環境に置かれている。

そして性風俗業界に大きな転機が訪れた。一九五八年(昭和三三年)、「売春防止法」が施行され、国が認可していた赤線地区が廃止されたのだ。吉原にくり出す前にまず浅草に寄って、一杯飲み屋でちょいと引っかけたり、ストリップを観たりして気分を高める人は多かったから、「吉原」が廃業となってしまえば、浅草の客も減る。当時の様子を吉村氏はこう話す。

「昭和三三年から五年間は、桜田門が浅草の遊び全般に対して、特に厳しいときだったですね。赤線廃止で吉原はどの店も旅館にした。そこには女性もいるのだけど、本当にマッサージしかしてくれなかった。デートの約束すらできなかったからね(笑)。ストリップのほうは、全ストだけは浅草に入れるなっていう動きはありましたね。やっぱり浅草人としてスッポンポンは許せなかったんだろうね」

「全スト」というのは、関西地区で広まっていたオールヌードのことである。〝関西ストリップ〟とも呼ばれ、関東にも徐々に広まりつつあった。しかしレヴューの流れをくむ浅草ストリップは、この頃になってもなお〝芸の街〟として全ストを拒んでいたようだ。

フランス座の転機

一九五九年(昭和三四年)はフランス座の転機の年となった。それまであった劇場を取り壊し、五階建てのビルを建てたのである。一階から三階までが軽演劇上演小屋で、四階・五階がヌード劇場だ。萩本欽一❖はこの年に軽演劇部へ入り、のちにフランス座へ入っている。

女剣劇「浅香光代一座」のために建てられた「奥山劇場」もストリップ館に変わった(二九七席、入場料八〇円)が、たったの一〇日で〝御用〟となってしまった。警察は新しい芽を摘んでおきたかったのだろう。

一九六〇年になると、関西から踊り子や全ストが次々と入ってきて賑わいを見せるようになっていった。東京でも中心部以外では全ストを取り入れたが、すぐ御用となった。一九六四年(昭和三九年)の東京オリンピックに向けて、風俗営業の取り締まりや悪書追放の動きはどんどん厳しくなっていった。浅草では絵看板までもが取り締まりの対象となった。さらにこの頃からテレビが一般家庭に普及したこともあって、浅草六区からは人が減る一方だった。大劇場はパチンコ店やボウリング場・遊技場へと転向していった。

「浅草の流れを持つコメディアンは欽ちゃんが最後じゃないかな。芝居性をしっかり残してね。だけどコメディアンだって人の子。金の力に負けたんだよ。面白ければギャラが上がるのがテレビの世界だからね。だからあたしは未だにテレビ持たないの。嫌いなの。軽演劇を潰したのはテレビだからね」

吉村氏はことさら強い口調で訴えた。永遠のレヴュー青年なんだな、と本物の舞台を見て育った吉村氏を私は心から羨ましいと思った。

ジプシー・ローズの死

一九六四年(昭和三九年)、軽演劇を守ることをついに諦めたのか、浅草フランス座のビルは改装され、軽演劇場から「浅草演芸ホール」となった。この演芸ホールは現在でも下町らしく昼間から威勢の良い呼び込みをしている。

そしてあのジプシー・ローズが亡くなったのが、一九六七年(昭和四二年)七月二〇日のことだった。山口県で夫・正邦乙彦と経営していた「スナックジプシー」の二階で息を引き取っていたという。

そのときのことを吉村氏は次のように話した。

「酒瓶を握って死んでいた、と報道されたけど、どうもできすぎだ

❖萩本欽一…(はぎもと・きんいち) 一九四一年、東京都生まれ。コメディアン。日本野球連盟茨城ゴールデンゴールズ初代監督。「欽ちゃん」の愛称で呼ばれる。

と思ったんですよ。後で正邦に聞いたら、本当はベッドの中だったけど似つかわしくないと思い、ベッドから引きずり出したって言うんだよ。本来は変死扱いだから動かしちゃいけないのに、そんなことはお構いなしでさ。演出家っていうのは最後まで演出したくなるんだね。死亡通知だって黒枠じゃないの。赤枠でね。「このたびジプシー・ローズはバッカスの神に召されて昇天しました」と書かれていて、最後には「追って正邦心中す」と書いてある。もちろんそういう気分ではあったろうけど、やっぱり演出家の血がそうさせたんだろうね」

最後の最後まで舞台人として演出され、花道を飾ってもらえたジプシーはなんという幸せ者だろうか。もちろん本人の気持ちはわからない。最後くらい一人の女として静かに眠らせてほしかったかもしれない。でも私は、夫である正邦乙彦が最後までジプシー・ローズに惚れ込んでいたことを羨ましく思う。

関西ストリップのトクダシ

この頃、関東のストリップ業界では、「関西ストリップ」のことを「トクダシ」と呼ぶようになっていた。警察の目を逃れるため、チームの中に一人か二人、特別出演(トクダシ)の踊り子を混ぜて全ストを決行していたのだ。

もう一つ、この頃流行りだした演目に「外人ショー」がある。外国人のストリッパーは一九五二年(昭和二七年)頃からいたものの、人数が少なくギャラは高かった。そこで考案されたのが〃イミテーション外人〃。要は、髪の毛から陰毛まで金髪にし、〃ミス・キャッシー〃など適当な芸名をつけられた日本人である。言葉を必要としない舞台芸だからこそ成立し得たものだと言える。

イミテーション外人をしていたおねえさんに会ったことがある。大柄で目鼻立ちがはっきりしている人だった。当時は毎日髪の毛をブリーチし、陰毛をオキシドールで拭いていたそうだ。当時はオキシドールに色素を薄くさせる効果があると信じられていたのだ。そのおねえさんは酔っぱらいに絡まれると、

「ワタシ、ニホンゴ、ワカリマセーン」

とかわしていたのだが、本物の外国人に話しかけられると困り果て、聞こえないふりをしたり、ただニコニコしたりしていたという。しかしあまりにしつこいお客には、

「バッキャロー！　日本人なんだよ！」

とケツをまくっていたというから、ある意味ではヒヤヒヤもんの演目だが、当時は異国の女性のヌードを見たいという需要があったのだろう。

北野武の修行時代

もはやストリップの舞台は、ショーではなく、女の肉体そのものを見るところという認識に変わりつつあった。そうなってくると当然、ストリップショーの伝統を守り続けようとする「浅草」からは客足が遠のいていく。

一九七〇年(昭和四五年)、東洋興行がロック座を東興行に引き渡した。東興行は元踊り子の東八千代こと斎藤智恵子❖をロック座の社長

❖**斎藤智恵子**…(さいとう・ちえこ)　一九二六―二〇一七年。宮城県生まれ。「浅草ロック座」の名誉会長。ストリッパーから経営者に転じ、全国にロック座チェーンを展開。興行界の実力者として、北野武や勝新太郎をバックアップした。

とした。

これで浅草ストリップを牽引してきた東洋興行の経営は「浅草演芸ホール」と「浅草フランス座」の二館のみとなってしまった。

浅草の街はスピードを上げて変貌していく。「カジノ座」が閉館し、翌年には大勝館が閉鎖されてボウリング場となった。浅草のストリップ劇場は、「ロック座」「フランス座」「木馬ミュージック」の三館のみとなった。

こうして〝芸の街〟〝レヴューの街〟としての浅草六区の影が靄《かすみ》のように薄くなった一九七三年(昭和四八年)、フランス座でコントデビューしたのが北野武❖だった。元ボードヴィリアンの深見千三郎❖に憧れ、必死に弟子入りを訴えてコントチームの一員となったのだ。当時、フランス座では昔から口伝されてきたコントが演じられていた。器用な武は師匠深見からの口立てでセリフや動きを教わり、どんどん達者になっていったそうだ。深見千三郎は「芸がないやつは芸人ではない」と言って武にタップダンスを教えたりもした。「漫才なんかは芸じゃない」——そんな師匠の言葉に頷く武もいたという。

一九七六年(昭和五一年)、大劇場の映画館「電気館」「千代田館」が取り壊され、洋品店やレストランなどが入った「ロックスクエア」という複合ビルが建った。しかしいくら新しいものを建てても活

❖**北野武**…(きたの・たけし) 一九四七年、東京都生まれ。お笑いタレント、俳優、映画監督。芸名「ビートたけし」でタレント活動をしている。
❖**深見千三郎**…(ふかみ・ぜんざぶろう) 一九二三—八三年。北海道生まれ。コメディアン、舞台俳優、脚本家、演出家、実業家。
❖**田谷力三**…(たや・りきぞう) 一八九九—一九八八年。東京都生まれ。オペラ歌手。
❖**嵐寛寿郎**…(あらし・かんじゅうろう) 一九〇二—八〇年。京都府生まれ。俳優。
❖**長谷川一夫**…(はせがわ・かずお) 一九〇八—八四年。京都府生まれ。俳優。「長さん」の愛称で親しまれ、没後一九八四年に俳優初の国民栄誉賞を受賞。
❖**山田五十鈴**…(やまだ・いすず) 一九一七—二〇一二年。大阪府生まれ。女優、歌手。二〇〇〇年に女優として初めての文化勲章を受章。
❖**ミスター団**…(みすたー・だん) 舞台俳優。残酷ショーの草分けの一人。

性化には繋がらなかった。何しろ当時の浅草は交通の便が悪く、地下鉄銀座線と都営浅草線しかなく終電が早い。しかも商店街の中心である仲見世通りは、浅草寺の閉門にあわせて、一七時頃からパタパタと店を閉めてしまう。夜、ネオンを灯しているのは六区の映画館、ボウリング場、パチンコ屋、ストリップ劇場、老舗の飲食店くらいしかなかった。これでは活性化はなかなか難しい。

一九七七年(昭和五二年)には「木馬館」から名物の安来節が消え、伝法院通りの中心部に「浅草公会堂」が開館した。区の施設である浅草公会堂の入口周辺には、浅草で活躍した田谷力三❖、嵐寛寿郎❖、長谷川一夫❖、山田五十鈴❖などの手形を埋めた「スターの広場」を約二年かけて設置し、話題を呼んだ。手形は現在でも増え続けている。

残酷ショー

興行主が変わった浅草ロック座は、ストリップ業界で流行りだした「ミスター団軍団❖」の「残酷ショー」を浅草へ呼んだ。のちに私はこのミスター団氏と知り合い、当時のショーを撮影したビデオを見せてもらった。松明を使い、Y字に逆さ吊りにした女性の股間へ大刀を渡し、そこへ大柄で筋骨隆々の団氏がぶら下がる――。そんなビデオを見ながらミスター団氏は呟いた。

「当時の客入りは凄かったよ。ギャラもン百万円だし。良い時代だったな……」

一九八二年(昭和五七年)、「国際劇場」が閉館し、「松竹歌劇団(SKD)」もついに幕を閉じた。それの煽りを受けたのか、「浅草フランス座」も閉館し、翌年には「浅草ロック座」も閉館。浅草は「映画」と「芸能」で賑わいを見せてきたが、どちらもテレビに食われてしまったかたちであった。

しかし浅草ロック座にはまだ思惑があった。社長の椅子を斎藤智恵子から譲り受けた息子の斎藤恒久❖氏が劇場のリニューアルを図っていたのだ。彼の心の中にはパリの劇場「クレージー・ホース」のイメージがあった。

❖**斎藤恒久**…(さいとう・つねひさ) 一九四七―二〇二〇年。実業家。浅草ロック座の会長を務めた。斎藤智恵子の長男。

5 復活への望み

ライティングの重要性

一九五一年（昭和二六年）にオープンしたパリの老舗ナイトクラブ「クレージー・ホース」は、ヌードショーでありながら芸術性を伴ったステージ演出でその名を世界中に知らしめた。とくに力を入れていたのはライティング（照明）であり、女性の肌を美しく際立たせた。それだけでもショーとして成立すると言われるほどの技術があったそうだ。

母親から「浅草ロック座」を引き継いだ斎藤恒久氏はそれを浅草でやろうというのである。ロビーやトイレは一流ホテル並みに改装。照明はすべて付け替えて二、三〇個ほどに増やし、日本のストリップ業界で初めてコンピューター制御を可能にした。これをお手本に、このあと七、八年かけてコンピューター制御の照明がストリップ業界に広まっていくことになる。

照明は裸を綺麗に見せるだけでなく、踊り子のモチベーションにも影響を与える。しかしたいていのストリップ劇場には照明の専門家がおらず、従業員がにわか仕込みで担当しているため、そのときの担当者のセンスによって照明の良し悪しが左右されることになる。

照明の重要さに気付いていないストリップ劇場の支配人も少なくない。照明にかけるゼラチン（色フィルター）が高額なので色抜けしても買い換えないばかりか、色の抜けた照明を目のあたりにして「最近照明、明るくなったね。これなら良く見えるや」などと素っ頓狂なことを言い出す者さえいる。

一方で、踊り子の持っているイメージを理解し、すぐにステージに反映させてくれる従業員もいる。ステージ後も、ここはああしよう、こうしよう、と話し合い、最終日に向かって完成度を上げていくのだ。こういう従業員がいる劇場は踊り子の方も張り合いがあって毎日が楽しいものだ。

ロック座の名物ママ

一九八四年（昭和五九年）、浅草ロック座が新装開館した。照明の美しいステージに、女性客やカップルの姿も見え始め、踊り子志望の女性も増えてきた。新人踊り子の育成は、前社長で元踊り子の斎藤智恵子に委ねられた。

〝ママ〟と呼ばれる斎藤智恵子は、ストリップ業界で大きな存在感を放っていた。私のようなよその踊り子はロック座には出られないので会うことはできなかったが、ロック座専属の踊り子からよく話を聞いた。芸に厳しく、レッスンを重ねても華がない踊り子は地方巡業ばかりさせられたそうだ。

こんな逸話も残っている。ストリップ劇場の社長たちの親睦会が宴もたけなわとなった頃、店の入口から大きな声が聞こえてきた。

「ロック座のママさんはいらっしゃいませんか。わたくし、勝新太郎❖がママさんのためにやってまいりました！　ロック座の斎藤智恵子ママはいらっしゃいませんかぁ」

一同が困惑していると、障子が開き、そこに三指をついて深々と頭を下げている男がいる。

「わたくし勝新太郎が、お世話になっているママさんのために駆けつけて参りました」

そう言って勝は全員にお酌をしていったそうだ。

また、北野武が映画『座頭市』を撮ったとき、智恵子は企画者として参加していた。浅草六区の中央にあるビルの屋上には、『座頭市』の大きな看板が随分長いあいだ設置されていた。

このようなエピソードからは、斎藤智恵子の芸に対する厳しさの裏に芸に対する愛があったことが窺い知れる。ステージに立った経験を持つ智恵子だからこそ、芸を貫こうとする人たちを親身になって応援したのではないだろうか。

浅草ロック座は、ラスベガスからのセクシーショーチームを年数回招き、本場のショーを取り入れるようになった。そんな縁からか、一九九〇年（平成二年）頃には、ママのおメガネにかなった踊り子はダンスの勉強をするためラスベガスへ留学できるようになっていた。

浅草フランス座の復活

一九八七年（昭和六二年）、「浅草フランス座」が閉館から四年のときを経て復活した。支配人として就任したのは佐山淳❖である。

❖**勝新太郎**…（かつ・しんたろう）一九三一―一九九七年。東京都生まれ。俳優、歌手、脚本家、映画監督、映画プロデューサー、三味線師範。市川雷蔵とともに大映（現・角川映画）の「二枚看板」として活躍。その後は「勝プロダクション」を設立し、劇場用映画やテレビ作品などの製作にも携わった。勝新（かつしん）の愛称で呼ばれる。

佐山は旅回りの役者時代から、浅草の小さな劇場で興行を行なったり、脚本を書いたり演出をしたりしていた。あるとき歌手志望の少女と出会い、彼女を主役に据えて豪華絢爛な「花魁ショー」を演出し、たちまち人気になった。これが浅草駒太夫❖誕生の瞬間だった。

佐山は「駒太夫一座」を仕切る一方で、日本で唯一のストリップ専門誌であるタブロイド版『芸報ジャーナル』を一九七二年（昭和四七年）から発行した。ストリッパーの写真を取り続けた写真家原芳市❖の仕事もこの『芸報ジャーナル』から始まった。こうした専門誌の登場は、踊り子たちの〝スターの座〟への憧れを生み、ストリップ業界の活性化に一役買ったが、事情があって業界へ入った踊り子も多かったため、踊り子の写真を撮って誌面に掲載することには大変な苦労があったようだ。『芸報ジャーナル』に先駆けて一九六六年（昭和四一年）に大阪で創刊された『ヌード・インテリジェンス』の編集長の中谷陽❖は、踊り子の写真を撮る苦労について次のように書いている。

「踊り子と仲好しにならなければならない。踊り子のよき理解者でなければならない。踊り子と一緒に食事をしなければならない。踊り子と一緒に楽屋で寝泊りしなければならない。踊り子と一緒に笑い、悲しみ、怒らなければならない」

❖佐山淳…（さやま・じゅん）一九二四―二〇〇一年。元浅草フランス座支配人。妻は浅草駒太夫。

❖浅草駒太夫…（あさくさ・こまだゆう）一九四一―二〇二三年。岩手県生まれ。一七歳の時「ロマンス・チャコ」の名でデビュー。浅草フランス座で伝説のストリッパーとして知られる。結婚・出産を経て旅周りをするなか、「葵比佐子」に名を変え「葵浮世絵ショー」という名の日舞の一座を組み全国行脚。三〇歳のときに、葵浮世絵ショーを「花魁ショー」に変えた時点で「浅草駒太夫」と改名。夫は佐山淳。浅草で『喫茶ベル』を経営した。

❖原芳市…（はら・よしいち）一九四八―二〇一九年。東京都生まれ。写真家。一九七〇年代からストリップ劇場で働く踊り子を撮影。写真集に『ストリッパー図鑑』（でる舎）、『光あるうちに』（蒼穹社）、『曼陀羅図鑑』（晩聲社）、著書に『ぼくのジプシー・ローズ』（晩聲社）など。二〇一五年、日本写真協会賞作家賞受賞。

❖中谷陽…（なかたに・よう）一九二八年、福岡県生まれ。ストリップ界にくわしく、『ヌード・インテリジェンス』の後、『NU・IN』を発行。一九七〇年代には『PUSSY』を発行した。

ともあれ舞台の世界が好きな佐山淳が浅草フランス座の支配人となった。そして佐山は浅草の伝統的なストリップの復活をめざしたのである。

私がフランス座へ乗ったのは再開から二年後の一九八九年（平成元年）のことだった。フランス座はどの劇場とも〝空気〟が違う。一歩楽屋口へ踏み込んだ瞬間から、出番前の緊張感があるのだ。コントさんが朝から掃除や雑用を丁寧にこなしていた。支配人室からは彼らが怒鳴られている声も時折聞こえるため、足音を忍ばせて通ったものだ。でも私は、その緊張感が嫌いではなかった。「よし、今日もしっかり演技しよう」と気合いが入るからだ。

浅草気質

正直に言うと、私はストリップ劇場の楽屋生活が苦手だった。都内はもとより、関東圏では楽屋は狭いことが多く、大部屋で先輩も新人も入り混じって過ごす。ステージを終え、楽屋に戻り、また次の出番まで九〇分ほどの自由時間。ファンサービスをする者、テレビにかじりついている者、マンガを読んでいる者、〝パッチン（花札）〟をする者、お酒を飲んでいる者、ひたすら寝ている者など、思い思いの過ごし方をしていた。私はそんな光景を見ているのが辛かった。私の若気でもあったのだろうが、とにかく前進したかった当時の私にとって、それは非生産的な光景に映ったのだ。休憩時間もほかの踊り子との雑談はあまりせず、原稿書きや読書をして過ごした。そもそも私の演し物は特殊系のＳＭであったため、〝変わり者〟と敬遠されていたのでちょうどよかった。

そんな私であったから、〝芸〟にこだわるフランス座へ乗ることはとても楽しかった。佐山支配人

は演目としてSMが好きではなかったが、

「あなたの内容は芝居的で、グロテスクでないからいい。仕事がないときはいつでも電話しておいで。(仕事を)入れてあげるから」

と声をかけてくれていた。

フランス座に乗る先輩の踊り子さんには日本舞踊が達者な人が多く、浅草駒太夫ママも五〇歳前後であったろうが、まだまだ美しい舞台であった。脱がなくてもずっと見ていたいと思える踊りをたくさん見させてもらった。

私にもこんな体験がある。ある日のステージでの出来事だ。昼過ぎだったろうか、フランス座のガランとした場内、私はいつものように自分の演技に入り込み精一杯演じていた。すると突然、土木作業員風の身なりをしたオジサンがつかつかと本舞台へ向かって歩いてきた。

私のショーはベースとなる演目を決め、それに沿って芝居風に展開していく。ナレーションが入ったり、大道具を使ったり、ストリップショーでは必要のないシーンがほとんどである。たとえば『阿部定《あべさだ》』。冒頭のシーンで三味線を爪弾いたりした。男・吉蔵とのカラミシーンでは、男の張り型を影絵で映すことで男がいるということにした。〝男根切り取り〟のシーンでは影絵で包丁を振りかざし、切除とともに障子に血のりがビュッと飛び散る。最後は血文字を書き、自らも腹切りして死んでしまう。二〇分ほどの舞台のうち八分くらいが影絵なのだ。しかも最後は死。

その他の演目も、歌舞伎からヒントを得た『娘道成寺』や『葛の葉』、戯曲『サロメ』など、よほど芝居を知らなければまったくわからない、といった題材ばかりを選んでいた。単純に裸を観にきているお客からは「そんな面倒くさいことしないで、パッと見せろ」「ここはストリップ劇場だぞ！」などとヤジを浴びることもあった。そう、ここはストリップ劇場なのである。野次られるのは当然である。でも私は自分のスタイルを貫き通した。

だから土木作業員風のオジサンがつかつかと舞台へ歩いてきたときもヤジられると思い、目を合わせないようにして演技を続けていたのだが、ついにオジサンは一番前まできてしまった。そして三五〇ミリリットル缶のビールを舞台にドンと置くと小さな声で、

「あんた、頑張ってな」

と言ってスタスタと去っていった。一瞬呆気に取られたものの、次第に泣きたくなるほどの嬉しさがこみ上げてきた。かっこいい。これが浅草の客なのか。一生懸命やれば観ていてくれる人がいるのだと、初めて実感できた瞬間だった。〝芸人はお客が育てる〟という浅草気質は、この頃もまだ衰えていなかったのだ。

コントさんと踊り子の関係

浅草気質といえばもう一つ。コントさんと踊り子の関係だ。当時のコントさんの月給は七万円だったと思う。何十年もその額は変わらないと聞いていた。給料の安いコントさんの面倒を見たがるおねえさんが昔からよくいた。「舞台に立ちたい」という若いコントさんのひたむきな思いや、そのために雑用をこなし、支配人の怒声にも耐えるその姿が踊り子の目には可愛く映るのかもしれない。しかし表面上は〝社内恋愛〟(?)はご法度である。私と気の合った踊り子の一人も新人コントさ

渋谷道頓堀劇場に並ぶ人びと。

んとデキてしまった。私は相談を受けていたが、結局、支配人に知られて新人コントさんはクビになった。踊り子もショックからか、舞台を休みがちになり、最終的にはフリーの踊り子になった。二人はよくステージ上の悩みごとなどを話し合っていたようだった。新人コントさんは、同じ舞台を志す者として踊り子の良き理解者になりうるという一例である。

この頃、コントが入る東京のストリップ劇場は、浅草フランス座のほかに、杉兵助❖、ゆーとぴあ❖、コント赤信号❖のいた「渋谷道頓堀劇場」があった。しかし道頓堀劇場で新人は使ってもらえなかったため、コント修行の場としては浅草フランス座しかなかった。

そんなコントさんのいる伝統的な劇場を守っていこうと懸命だった佐山支配人を、病魔が襲っ

❖**杉兵助**…(すぎ・へいすけ) 一九一六―九六年。東京都生まれ。コメディアン。

❖**ゆーとぴあ**…ホープこと城後光義(じょうご・みつよし)と、ピースこと帆足新一(ほあし・しんいち)によるコントコンビ。活動時期は一九七八―八九年、一九九六―二〇〇八年。ゴムパッチン芸で一世を風靡した。

❖**コント赤信号**…(コントあかしんごう) 渡辺正行・ラサール石井・小宮孝泰の三人からなるコントグループ。略称は赤信号。

❖**矢野浩祐**…(やの・こうすけ) 一九三九年、福岡県生まれ。愚連隊から極道の世界へ入り、やがて組を脱退。しかし一般人にはなりきれず、二二歳のとき、ストリップ一座のマネージャー見習いになる。のちに一座を引き連れて、ドサ回り。その後単独となり各地のストリップ劇場の支配人に。一九七〇年、渋谷道頓堀劇場の支配人となる。

❖**清水ひとみ**…(しみず・ひとみ) 一九六二年、東京都生まれ。ストリッパー、女優。会社員からストリッパーに転進。「元祖オナニークイーン」と呼ばれる。渋谷道頓堀劇場で人気を博した「劇団かぐや姫」のヒロイン。一九八六年、ストリップを引退。以降は女優に転身。一九九九年の札幌道頓堀劇場のオープン、二〇〇一年の渋谷道頓堀劇場再オープンの立ち上げに、社長として経営に参加する。しかし経営は成功せず、二〇〇七年四月の「札幌道頓堀劇場摘発事件」以降は表舞台から姿を消した。

た。静養のため佐山は支配人の座を息子のコウジ氏に譲った。しかし、このときにはすでに浅草フランス座は窮地に追い込まれていた。

そこで苦肉の策で考え出されたのが〝劇場貸し〟であった。通常、劇団が劇場を借りた場合、照明機材は劇団が持ち込まなくてはならず、その経費はバカにならなかったが、ストリップ劇場は照明付きである。小劇団にはうってつけの場所であり、実際に芝居の公演も何度か行なわれた。

元ライバルの共演

この貸し小屋制に目をつけた男がいた。渋谷道頓堀劇場の社長、矢野浩祐氏❖だった。

矢野氏は一九九五年（平成七年）に道頓堀劇場を閉めた後、渋谷に「シアターＤ」をオープンさせ、芝居をかけたり、全裸ではないストリップショーをプロデュースしていたが、何かしっくりこなかったという。ストリップ劇場で成功を収めた矢野氏は、自分で気づかないほどストリップ劇場を愛していたのだろう。矢野氏のそんな思いはどんどん募り、「また一座を組んで興行をしてみたい」と思うまでになっていた。

そんなときに耳に飛び込んできたのが浅草フランス座の貸し出しだった。元はライバルであった劇場だが、もうそんなことは関係ない。新しい一座の門出にはむしろ「芸の街」浅草フランス座が相応しいだろう――そう考えた矢野氏は一九九八年（平成一〇年）五月、渋谷道頓堀劇場のトップスターを座長に据えた「清水ひとみ❖一座」の公演を浅草フランス座で行なった。

渋谷道頓堀劇場のトップスターが、浅草フランス座のステージに立つ。浅草フランス座が貸し小屋をやらなければありえないことだった。矢野はこの一座の巡業に力をそそぎ、やがてそれが「札幌道頓堀劇場」(第四章参照)のオープンへとつながっていく。

アイドルはアイドルらしく

この頃は、浅草フランス座だけではなく、どこのストリップ劇場も経営難であった。AV(アダルトビデオ)やインターネットが普及し、有名女優でさえもヘアヌード写真集を出す時代に、女の裸など珍しくも何ともない。いくらオールヌードが目の前で見られるといっても、見るだけじゃあね、となるのだろう。

客足が遠のくなか、踊り子たちはステージ内容を真剣に考えるようになっていた。誰だってガランとしたステージでは張り合いがない。中堅クラスの踊り子のなかには、アイドルからのイメージチェンジを狙ってこれまで自分が演ってこなかったことにもトライする者が現れ出した。しかし彼女たちの冒険には古参の〝追っかけ隊〟も劇場側もいい顔をしない。劇場側にとって追っかけ隊は毎日のように通ってくれるありがたい存在であり、そんな存在を手放すわけにはいかないのだ。しかしこれが悪循環を招いた。時間を割かれる一方で、自分のやりたいステージができないまま、追っかけ隊へのサービスに時間を割かれる一方で、ネットでは悪意に満ちた言葉を書かれて精神的に追い込まれ、ますます自分ののステージが満足にいかなくなる。ステージが好きでアイデアや構成力に恵まれた踊り子ほど悩み、辞めていくようになった。

フランス座の終焉

一九九九年(平成一一年)春頃から、浅草フランス座のシャッターが下りたままになり、七月には閉館となってしまった。六区の象徴の浅草フランス座の最終日は、とくにイベントをやるわけでもなく、新聞では数名のコメントとともにほんの数十行のニュースになったきりだった。浅草フランス座はその使命を終えて、ひっそりと眠りについた。

翌二〇〇〇年(平成一二年)、松竹演芸場四階の元浅草フランス座は「東洋館」となり、演芸場として再スタートした。色物や若手芸人を積極的に出演させ、また貸し小屋としても新人の公演などが行なわれた。私は知り合いのコントさんからコントの手伝い(助演)を頼まれて「女1」を演じたことがある。そのとき、もう二度と入ることのないと思っていたあの楽屋を訪れることができた。私は楽屋の畳を撫でながら、懐かしさに浸った。昔のままの雰囲気に「しっかりやってこいや」と言われたような気分になった。

二〇〇一年(平成一三年)一月一六日。元浅草フランス座の支配人佐山淳氏が、眠るように亡くなった。享年七七。いつかまた浅草ストリップを復活させたいと思っていたのではないだろうか。

二〇〇〇年代の変化

二〇〇八年(平成二〇年)以降はリーマンショックの煽りを受けて、浅草の六区街も急速に変貌していった。映画館の閉鎖、浅草ボウルのビルの取り壊し、東京電力が運営していた「テプコ浅草館」の閉鎖。この「テプコ浅草館」は、浅草文化の資料館的存在であった。ジオラマ風に昔の町並みが再現

定食屋で吉村平吉氏（右）から昔話を聞く早乙女宏美

され、浅草に関する文献を集めた「浅草文庫」は誰でも自由に閲覧できるようになっていた。私も浅草を知るためにその貴重な資料をよく利用させてもらっていた。

その一方で、「芸の街・浅草」を復活させようとする新しい企画も少しずつ立ち上がり始めていた。中でも大成功を収めたのは、一八代目中村勘三郎❖が仮設の芝居小屋からはじめた「平成中村座」であった。

二〇一四年（平成二六年）、斎藤観光が破産手続に着手し、浅草に唯一残るストリップ劇場である浅草ロック座の運営が、東興行の〃ママ〃こと斎藤智恵子の手に再び委ねられることになった。

華やかなりし浅草六区の時代も、今となっては過去の写真でしか知ることができない。かつての浅草を語ってくれた吉村平吉氏ももうこの世にはいない。でもきっと吉村氏は浅草の空を漂っているのだろうな。

浅草寺の本堂前。煙がモクモクと立ち上るお線香、仲見世通りの雑踏、六区街の静けさ、私がよくひやかした芝居小道具店、刀屋、舞台衣装店、時折通っていた居酒屋や中華料理屋——。懐かしい顔や匂いを思い出す。生まれた地でもないのに、こんなにも懐かしい気持ちにさせてくれる街はほかにない。
あの頃の浅草はすっかりなくなってしまったが、私はやっぱり浅草が好きだ。胸を張ってそう言える街だ。

❖一八代目中村勘三郎…（じゅうはちだいめ・なかむら・かんざぶろう）一九五五—二〇一二年。東京都生まれ。歌舞伎役者。

第二章 新宿

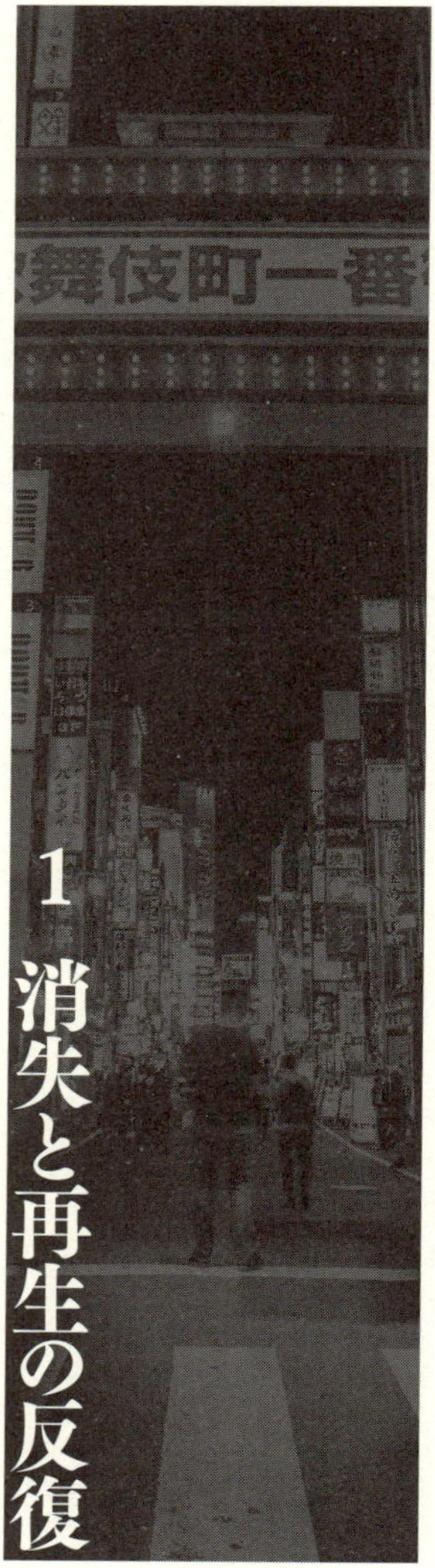

1 消失と再生の反復

新宿への目ざめ

私の五感、感性は「新宿」に育てられたと言っても過言ではない。しかしいわゆる一九六〇年代の「ヒッピー族」「アングラ文化」のときはまだ生まれたばかりだったので、新宿文化が花開いた時代に若者だった人とは少し違う。新宿という街には、いつの時代でもある年齢層を虜《とりこ》にする妖しい力があると思っている。人はその年頃になると新宿に引き込まれていってしまうのではないだろうか。

一九七〇年代、小学生の私はバレエを習っていた。年一回の発表会会場は、新宿三丁目にあった新宿厚生年金会館だ。ひっつめ髪をして衣装の入った大きな袋を持ち、家族で電車に乗った。新宿東口から出て大きなビルやデパートが建ち並ぶ街を歩くと、〝ハレ〟の心が浮き立った。

その頃、月に一度は家族で新宿にきて伊勢丹デパートの大食堂でご飯を食べていた。旗の立ったお子様ランチ、パチパチと弾けるクリームソーダ、銀の器のアイスクリーム……。私は大人用の椅子にちょこんと座り、あちこちキョロキョロしながら、人一倍はしゃいで、キャッキャと笑っていた。スプーンを舐め舐め、お子様ランチやアイスクリームを食べた。デパートの食堂でご飯を食べるとなぜか〝オトナ〟の気分になれた。味などひとつも覚えていないが、周囲の大人たちが微笑みかけてくれるのを見て、私も仲間に入れてもらえたんだと嬉しくなったことは記憶に残っている。

中学生になると情報誌『シティロード』や『ぴあ』を片手に一人で映画を観に出かけた。月二回ほどは新宿三丁目や歌舞伎町にある映画館に行っただろうか。初めて歌舞伎町に足を踏み入れたとき、街のゴチャゴチャ感に驚いたのを覚えている。東口の伊勢丹側とはまた違った大人の世界。見てはいけないものを見てしまったような、でももっと見たいというような気持ちがした。そのときから私は歌舞伎町に憧れを持つようになった。

新宿は地域ごとに顔が違う。大きく分ければ「新宿東口」「歌舞伎町」「新宿西口」となる。それぞれの地域が独立しており、その下にいくつかの小惑星を持っている。そうした地域とゴチャゴチャした小惑星をすべて束ねたのが「新宿」という銀河なのだ。

新しい宿の誕生

武蔵野の地から今の青梅街道を通って新宿御苑に続く地にはかつて原野があった。ここに「新しい宿」、すなわち「新宿」ができたのは一六九八年（元禄一一年）のことである。開設したのは浅草町人や吉原の娼家の経営者たち。当時の浅草は大変な賑わいを見せていたが、すでに飽和状態でもあった。そこで客を取り合うよりも、新しい地域を開拓した方が得なのではないかと浅草・吉原の人たちは考えた。そうして巨額の資金を投じ、「新宿」開設の計画を進めていったのだそうだ。当時の江戸で公娼として許されているのは吉原だけだったが、「新宿」に旅籠屋や茶屋が次々と建つと、当然のように飯盛女が現れ売春が行なわれるようになった。新宿の賑わいは増していったが、やがて風紀上の問題や上納金の一部未払い、また他の宿に対する見せしめとして、新宿の宿は取り潰されてしまった。

再び新宿が賑わいを見せるまでには五〇年以上の歳月が必要だった。一七七二年（安永元年）、新宿を開設した人びとの後裔が復興に乗り出したのである。風紀を乱さないという条件付きの復興であった。しかし実態はもちろん違った。瞬く間に茶屋では飯盛女が働くようになり、売春は黙認され、茶屋の遊廓化が進んでいった。当時の江戸の遊廓は吉原・芝・品川・深川。そこへ新たに新宿が加わることになった。

ほかの遊廓と比較すると、新宿の遊客は雑多で、武士・町人・農民、それに僧侶も多かったという。農民たちも遊郭に土地や建物を貸していて、それなりに余裕があった時代だった。

江戸郊外のほどよい位置にある新宿は、こうして栄えていった。この頃、角筈《つのはず》村（現・西新宿五丁目）にある十二社《じゅうにそう》の熊野神社の境内には、池や泉水、巨樹などがあり、遊客は料亭から料理を取ったり、池に小舟を浮かべたりして楽しんでいたという。何とも優雅で風情があった。

光は新宿より

一九二〇年代後半から戦前までの新宿東口（現・新宿通り）付近には、赤い風車が目印の「ムーラン・

ルージュ」、歌舞伎座の「菊座」（のちの「新宿第一劇場」）、映画館の「武蔵野館」「帝都座」、演芸場の「末広亭」など一四館の劇場があった。狭い一区画に劇場が密集している浅草六区とは違い、新宿通りは東西

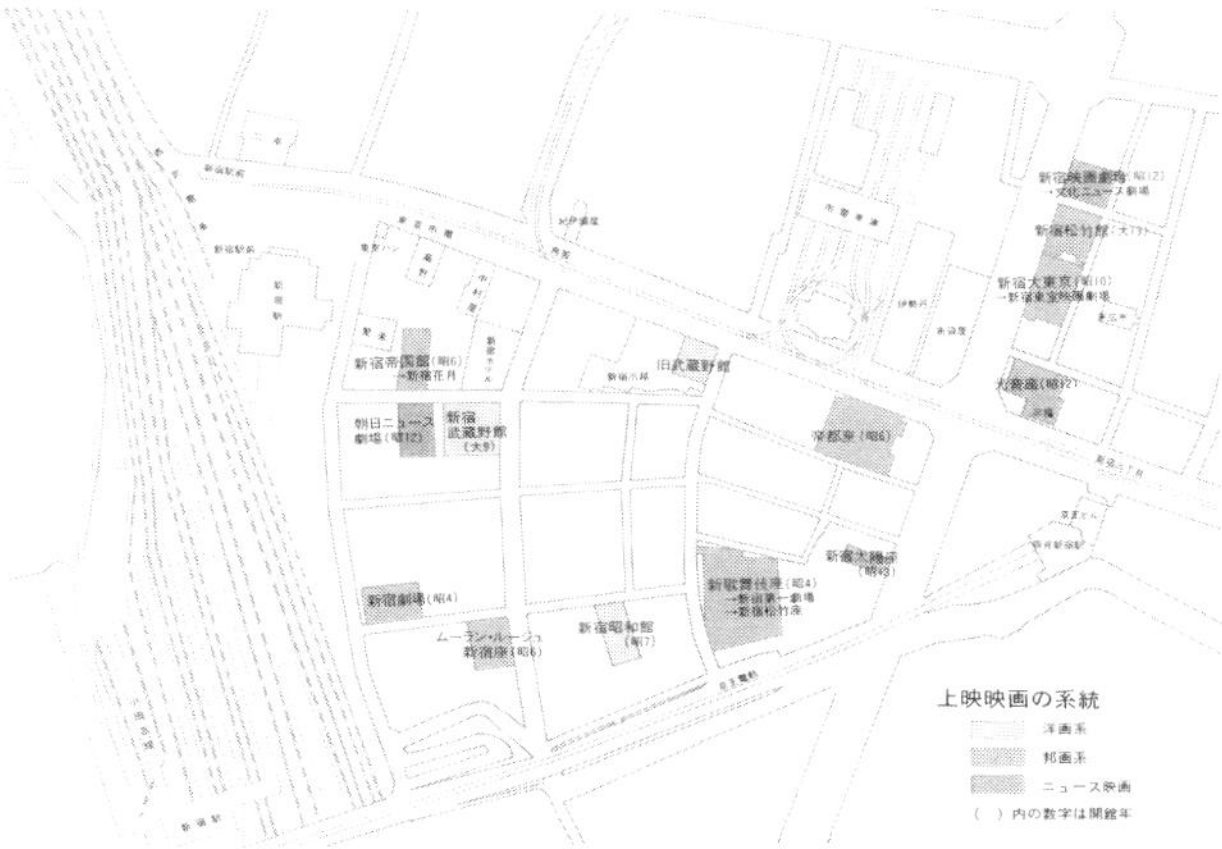

戦前まで新宿東口にあった映画館

焼け野原の新宿（昭和20年）。伊勢丹（左）と三越（右）が焼け残っている

に延びていて、街道沿いには劇場だけでなく商店や旅館がびっしり立ち並んでいた。

一九四五年（昭和二〇年）三月一〇日、東京大空襲。新宿も初めて空襲された。当時はまだ娯楽だけの街ではなくお屋敷や学校などもあった歌舞伎町はすべて灰となった。五月二五日の夜半にはさらに新宿大空襲があった。伊勢丹・三越などわずかな建物を残し、新宿の街は焼失した。

終戦直後、新宿はこれから一体どうすればいいのかというときに一人の男が立ち上がった。今の歌舞伎町の街並を作り上げた角筈一丁目北会長の鈴木喜兵衛❖である。鈴木は三万坪の土地に銀座と浅草のそれぞれの良いところを取り入れた庶民的な娯楽センターを作る計画を立てた。このとき戦前の「菊座」のような歌舞伎座の建設を構想していたため、この街は「歌舞伎町」と命名された。

新宿は、住む場所がなくその日の食べ物にさえ困っている人びとであふれ返っていた。土地の不法占拠も始まっていた。闇市では銀シャリの握り飯や米軍キャンプの残飯シチューが飛ぶように売れた。シチューには本物の牛肉のほか紙くずやタバコの吸い殻まで入っていたが、それでもお構いなしに売れていく。闇市は組が仕切り、露天商はテキ屋が仕切るため、それぞれの縄張り争いも絶えなかった。そこへ愚連隊やパンパンなどさまざまな人間が入り乱れていく。そのような状況のなかでも皆、新しい生活を夢見て、「光は新宿より」と唱えた。

❖**鈴木喜兵衛**…（すずき・きへい）　一八九一―一九六六年。三重県生まれ。実業家。一九二二年から新宿でレストランを経営。

進駐軍のために

敗戦後まもなく、「日本娘の純潔を守ること」を目的として国と警視庁が「進駐軍専用の娼婦」を求めた。国と警視庁が協力して女性を〝調達〟し、一九四五年（昭和二〇年）八月二七日、大森海岸の小町園をはじめとして東京で二五カ所、全国で約四五カ所に進駐軍相手の慰安所が開設された。しかし進駐軍の米兵はそこだけでは飽きたらず、吉原や新宿二丁目の遊廓にも現れるようになった。料金は業者たちが独自に決め、吉原では二〇円、新宿では三〇円となっていたようだ。こうして終戦からわずか四カ月で都内九カ所の遊廓が復興を果たした。

すると女性の間で性病が流行りはじめた。国がコンドームを支給していたが追いつかなかったのである。そこでＧＨＱが東京都に売春婦の「性病予防規制」を要請し制定させたのだが、このときすでに感染率は六〇パーセントに達していた。一九四六年（昭和二一年）一月、ＧＨＱは公娼制度の廃止を命令した。これを受けて二月二〇日、国は人身売買を禁止し公娼制度を正式に廃止した。こうして遊廓は消え去ったのである。

とは言っても、それでは全国で一万人を越す売春婦や置屋がメシの食い上げとなってしまう。そこで彼らは「特殊喫茶」「貸座敷」という名目で営業を続けた。しかし警察当局もそれをいつまでも黙認しているわけにはいかない。一一月一二日、元遊廓地帯を地図上に赤鉛筆で囲い、それ以外で売春が行なわれている地区を青鉛筆で囲った。これがいわゆる「赤線」「青線」の始まりである。赤線地帯はもともと容認されていた地域なのでそのまま黙認し、青線地帯のみを取り締まることにしたのである。

当時の新宿赤線地帯は、新宿二丁目のかなめ通りから御苑大通りを挟んだあたり一帯のことを指した。そこに七五店舗、四二六名の売春婦がいたという。新宿の赤線地帯は料金も格式も都内で一番高く、インテリ女性が多かったそうだ。一方、新宿の青線地帯は、新宿駅東口、西口付近、花園神社あたり（現・新宿ゴールデン街）に広がっており、そこには一〇〇〇人以上の女性と〝オカマ〟がいたと言われている。

2 額縁ショウから裸ショウへ

ヴィーナス誕生

焼け野原となった新宿。その売春街の復興は早かったが、娯楽街の復興はなかなか進まなかった。辛うじて焼け残った映画館は「新宿松竹座」「第一劇場」と半焼の「新宿座」「帝都座」だった。そのうち、まずは「帝都座」に動きがあった。

今の伊勢丹デパートの前にあった帝都座は、ルネサンス風の外装をした鉄筋コンクリート製で、当時の最新式設備を備えていた。三階まである映画館の客席は一一八九席。地下にはレストラン「モナミ」、五階にはダンスホールがあったが、戦後このダンスホールをレヴュー劇場に変えてしまおうという計画が進められた。当時代表取締役だった秦豊吉氏はこう記している。

「私はパリで見た、キャバレエとダンスホールを一緒にしたような〝タバラン〟とかニューヨークで見た小さい舞台とダンスホールを一緒にした〝ダイヤモンド・ホースショウ〟というような、小さな宝石のような、美しいナイトクラブが造りたく（中略）せめて出し物で見物をあッと驚かし、しかも見て気持のよいものを見せたいと色々工夫した揚句（中略）名画をモデルにして額縁に入れたのが、今日のストリップ・ショウの最初のものかもしれません」

一九四六年（昭和二一年）一二月二九日付の朝日新聞に掲載された広告には、

「新装成る！　美女乱舞する本格的ショウ　帝都座五階劇場ヴヰナスの誕生二〇景　元旦開場！

益田隆❖構成振付」

と発表された。

公演初日の一九四七年（昭和二二年）一月一日、歌う声帯模写、軽音楽、マジックショウ、日本舞踊と続いたあと、メインショウ『ヴヰナスの誕生』が始まった。唄と踊りとコントで構成され、その中の一景に、サロンド・ボッティチェッリが描いた『ヴィーナスの誕生』が再現された。しかしモデルとなったダンサーは、腰に布を巻いて胸は手と腕で覆っており乳房は見えない。いくら秦社長の頼みでも、おっぱいまでは見せられない――そんなダンサーとしてのプライドがあったのだろう。一月一五日までの公演は、あまり評判になることもなく終わってしまった。

秦氏はリベンジを図り、二月一一日に第二回公演『ラ・パンテオン』を開催した。脚本は佐谷功、❖構成と振付は益田隆。ここでも一八景のうちの一景としてルーベンスの描く『アンドロメダ』の活人画を登場させた。この公演について演劇ジャーナリストの橋本与志夫❖は次のように話している。

「幕があくと、コバルトブルーのライトが舞台一面を照らし、中央にしつらえた額縁にかの女が静

❖**益田隆**…（ますだ・たかし）一九一〇年、東京都生まれ。舞踊家。
❖**佐谷功**…（さたに・いさお）一九〇八―一九八二年。日劇ダンシングチーム演出家。
❖**橋本与志夫**…（はしもと・よしお）一九一六―九八年。京城生まれ。ジャーナリスト。

止している。均整のとれた裸像を狙うピンクの照明が、バックのコバルトブルーに溶け、乳房から腹部にかけて、淡いグリーンの翳をつくりましてネ、とてもこの世のものとは思えない美しさでした」

入場料は二〇円。四二〇席ある劇場に毎回たくさんの人が詰めかけ、ロビーから階段・通路、さらには劇場の外にも並んだという。新宿も浅草で初めて乳房が披露されたときと同様の衝撃を受けたのだ。おっぱいの力はやはり大きい。二月の厳しい寒さの中で手を擦り合わせ、おっぱいを待ち焦がれる人びと。殺伐とした時代に後光が差し込んできたような気持ちであったろう。カストリ焼酎一杯三〇円より、おっぱいを見る方が安いなんて……。

三月の第三回公演『ルンバ・リズム』では、モデルは腰の辺りをソンブレロ（つばの広いメキシコの帽子）

帝都座の外観と内観

で隠したただけの姿で額縁の中に立っていた。マスコミの評判も良く、お客はどんどん詰めかけてくる。〝額縁ガール〟という呼び名も出てきた。新宿の街に少しずつ活気が戻ってくる。帝都座の前に並んで美しいおっぱいを見るか、その先へ進み、もっと密着した肌の温もりを買うか——明治通り手前が男たちの欲望の分かれ道となった。

帝都座が活気づくなか、「ムーラン・ルージュ」がようやく再開された。戦火に焼かれた「ムーラン・ルージュ」の跡地にバラックを建て、浪曲小屋として細々と演っていた地元ヤクザの親分が「ムーリンリージみてえな小屋を建ててみたかった」と言って再開に力を貸したという。

欲望の焔

前章の浅草編で登場した劇団「空気座」の『肉体の門』の初演は、帝都座五階劇場だった。『肉体の門』の人気ぶりについて秦豊吉氏は、

「〝すべて肉体〟の新宿だ。日本の芝居もこれで西洋らしくなってきた」

と言っている。パンパンも一般女性も、『肉体の門』を見るために帝都座に並んだ。

そんな『肉体の門』の大成功の中で事件が起きた。二日間続けて同じ席で観ていた女性客が終演後、五階のベランダから飛び降り自殺をしたのだ。遺書はなかった。

客の心に響くものを作りたいと願うのが演劇人・興行主だろうが、それが高じて客が自殺したとなるとその心境は複雑だろう。秦氏はプログラムに次のように記した。

「誠にお気の毒な最後でしたが、どうもこの芝居に余程心を惹かれたに違いありません。それはこ

の劇の女性の絶望的な生活に身をつまされた為か、あの強烈な私刑の場の刺戟に堪えられなくなった為か、それともこの廃頽の女性の雰囲気に巻き込まれた為か、いずれにしてもこの劇の強烈な力に圧倒された事は確かです」

この時代の流行歌に『星の流れに』がある。

星の流れに　身を占って
どこを寝ぐらの　今日の宿
すさむ心で　いるのじゃないが
泣けて涙も　かれはてた
こんな女に　誰がした

（作詞・清水みのる、作曲・利根一郎）

復興していく新宿の街の姿に「ようやく元に戻れる」と希望が湧く一方で、何か心の奥底に沈んだものが置きざりにされていくような寂しさが人びとの中にあったのかもしれない。帝都座の「額縁ショー」は定番となっていたが、やはりそれだけでは物足りなくなってくる。ましてや『肉体の門』のようなハードなものを観たお客たちならばなおさらだ。一九四八年（昭和二三年）二月、ドガの『踊り子』を模した踊り子は、突如額縁から飛び出し、クラシック調のピアノ曲に合わせて舞台いっぱいに踊り回った。観客は固唾をのみ、その踊り子を見つめた。暗転となり踊り子が舞台から去ったあと、ようやく我に返った観客たちは、割れんばかりの拍手を送ったという。ここにようやく裸と踊りが融合したのである。裸といっても下半身は肌色のショーツを付け、薄いベールを一枚まとっていた。しかしそれで充分なのだった。美しいセミヌードが活力を与えてくれる時代だったのだから。

この頃、浅草では劇場同士の戦いがあり、「あっちがやったのならウチも」という対抗意識から裸ショウが一気に広まっていった。一方の新宿は、裸ショーどころか、芝居小屋の復興すらままならない状況に苦戦していたのだった。

本格ストリップの始まり

都内では徐々に裸ショウが増えてきていた。警察も黙っていられなくなり、一九四七年(昭和二二年)の春には劇場側へ自粛を要請し、夏には額縁ショウが中止された。

その煽りを食らった元祖裸ショウの帝都座五階劇場は、一〇月二日をもって閉館となってしまった。複雑な内部事情もあったようだが、閉館の要因の一つに経営問題があった。当時の入場税は五割。入場料二〇円でも劇場には一〇円しか入らない。キャパは四二〇席。立ち見を入れて一回五〇〇人として一日三回で延べ一五〇〇人。一人当たり一〇円の収入だとすると一日の売上は一万五〇〇〇円。この中からギャラが支払われる。歌手・楽団・ダンサー・コメディアン・司会者・裏方スタッフ・衣装費・大道具費……。舞台作りの経費は、良いものを作れば作るほど増えていく。劇場の赤字は映画館の収入で賄っていたものの、それがついに追いつかなくなり、結果的に五階劇場は日活に買い取られた。

これで新宿から裸ショウがなくなってしまうかと思いきや、解散した帝都座のショウ部門の一部が独自に動き出した。「新宿東宝」(新宿三丁目レインボービレッジ、現・新宿文化ビル)五階の映画館を劇場に改装し、「セントラル劇場」として再出発を果たしたのだ。こうして一九四九年(昭和二四年)三月に名画を模した額縁ショウが復活した。しかし警察とのイタチごっこは相変わらず続いていた。

戦前には軽演劇でその名を知らしめた「ムーラン・ルージュ」でさえ、ようやく再開にこぎ着けたものの、集客には苦労していた。セントラル劇場の流行りを受け、四月『好色四月馬鹿』の中にヌード嬢を、さらに六月にはストリップショウのダンサーを登場させたことで、ようやく大入り満員となった。すでに裸なしではお客を呼べない時代を迎えていた。

新しい取り組み

セントラル劇場で一〇月から始まった『女体オリムピア』には二〇名近くのストリッパーが集結した。このとき実施された、ミスコンならぬ〝ミスセントラル〟を決める人気投票には約六〇〇票が集まったそうだ。「ミスセントラル」に輝いたストリッパーには、女体ならぬ「女鯛」をはじめ、舞台衣装やコーヒーセットなどが贈られたという。このあともストリッパー人気投票は世代ごとに繰り返されてきた。今でもアイドルグループが話題になるように、人気投票は人びとを熱くさせる何かがあるのだろう。

セントラル劇場では新しい演目も生み出されていった。たとえば、七匹のアオダイショウ(蛇)を操る「スネーク・ストリップ」。蛇は神経質だから、年がら年中ざわついている楽屋ではおとなしくさせておくだけでも大変だ。私も楽屋で見たことがあるが、肉食なので餌には専用の冷凍鼠を与えていた。世話が大変なので、長くスネークショーをやる踊り子は少なかった。

一方、その頃の新宿二丁目の赤線界隈では、若いサラリーマンや学生たちが女性の肉体そのものを楽しんでいた。女性たちはショートパンツに丈の短いブラウスのへそ出しルックという流行りのファッションをしていた。〝チョンの間〟三〇〇円。学割二〇〇円。学生証や学帽をカタにしてツケ、なんて話もあった。遊廓時代から若い男性の〝筆おろし〟の場所であったのだ。

一九五〇年（昭和二五年）三月一日、ムーラン・ルージュは関西から七名のストリッパーを招き入れ、バーレスクショウ『四十八の乳房《パイパイ》』を上演。関西からきたストリッパーの公演はこれが初めてとなる。

そんななかで三月一〇日、新宿セントラル劇場で「ファンダンス」を踊っていたストリッパーが猥褻物陳列罪で警視庁保安課風紀係に検挙された。ファンダンスとは、二本の大きな羽根付き扇を左右の手に持ち、優雅にくねらせ、裸体を隠しながら踊るというもの。演技的などぎつさはまったくないにもかかわらず、それでも検挙となるからには警察に「懲らしめてやろう」という意図があったのだろう。なおこのファンダンス、私が踊り子となった頃には、もう演目としてなくなっていた。羽根扇の合間からのチラリズムではソフトすぎたのだろう。

この頃から新宿にも新人ストリッパーが続々と登場し始める。浅草と同じである。そしてタイトル合戦でも新宿セントラル劇場は負けていなかった。『女のアルプス』『女体おへそまつり』『女のチンチラマフ』『ストリップ狸風呂』『びちゃびちゃストリップ』……。「びちゃびちゃ」？　女性が「びちゃびちゃ」になるのか、客がびちゃびちゃにされるのか？　私の妄想がどんどん膨らむように、当時のお客たちもいろいろと想像したことだろう。

一〇月、セントラル劇場はストリッパーが全身にダイヤ粉を塗るという命懸けの「ピカピカストリップショウ」を披露した。「ダイヤ粉」がどのようなものかはわからないが、おそらくスパンコールを粉砕したようなものではないだろうか。細かくなったものをローションか油を使って混ぜて全身に塗るのだ。今では「ダイヤ粉ショウ」という演目はなくなったが、これが元になったと思われる「金粉ショー」ならある。銅粉を油で溶いて全身に塗る。私も演じたことがあるが上演後にからだから この粉を落とす作業がなかなか辛い。粒子が細かい銅粉は毛穴へ入り、何度も何度もこすらなければ落ちないので、全てを落とすには三、四回のサウナ通いが必要となる。銅粉が汗と混ざって毛穴から出ていくときのチクチクとした痛みは今思い出しても辛い。

なくてはならない裸ショウ

新宿セントラル劇場は、続々と新人ストリッパーを出していった。新人と言っても普通ショーからの転向組である。皆スタイルも顔も良く、踊りも上手かったから、当然、劇場の人気者となった。中にはアクロバットダンサーもいて、小さなバタフライ一枚で、舞台から花道へグイグイ出ていき、逆立ちや回転をしたり、足を一文字に開脚したりするなど、きわどいポーズを披露した。お客は口をあんぐり開けて観ていたことだろう。

一九五一年（昭和二六年）五月三〇日、軽演劇の象徴「ムーラン・ルージュ」が経営不振により閉鎖となった。こちらもいろいろな事情があったようだが、大きな原因はやはり「裸ショー」に食われたことだろう。軽演劇ファンが裸ショーを望むかと言えば、その逆だったかもしれないが、客席を埋めるためには裸ショーが必要だった。悪循環が招いた末路だ。

一九五二年（昭和二七年）三月二日に始まった新宿セントラル劇場の『女の三面鏡』では、日本初の外国人ストリッパーが登場した。ブタペスト生まれで、ロシア舞踊やドイツ舞踊を勉強したという触れ込みだったが、踊りの方はイマイチだったという。『ヌードさん』（筑摩書房）に彼女の写真が載っている。写真で見ても大柄で綺麗な顔立ち。手足が長く、プロポーションも良い。当時のストリッパーは日本人も美人揃いだったが、やはりプロポーションは比較にならない。そして外国人のヌードとなれば男性たちはよけい目がくらむ。

新宿に二館目のストリップ劇場「新宿フランス座」が開館したのは八月のことだった。経営者は浅草ロック座や浅草フランス座と同じ東洋興行である。「丸物ストア」（現・伊勢丹メンズの新館）の階上で幕が開いた。この年は東京各地でストリップ劇場が次々と開館していく年であった。新宿セントラル劇場では学生やサラリーマンに好まれる歌や踊りが上手い踊り子を中心に、新宿フランス座では浅草フランス座ですでにデビューし、ファンを持っていて客扱いに慣れたベテランを中心に演目を組むことで、うまい具合に両館の違いを打ち出していたようだ。

しかし東京全体からみれば、すでに過当競争の時代に入っていた。ストリップ事始めからわずか一年。ストリップ専門館が次々と開館していったかと思いきや、倒れていく劇場も目に付き出した。ただ裸だけを見せていればよいという時代はとうに過ぎ、演出や踊り子の質が問われる時代へと変わっていったのだ。ジャズブームが起こったり、外国の著名人が次々と来日したり、洋画がロードショーされるようになったりして、日本人も目が肥えてきたのである。

一九五四年(昭和二九年)七月、東洋興行系では人件費削減のため踊り子の解雇が始まった。そんなおりの九月二八日、新宿セントラル劇場から出火があった。劇場の三分の二が焼失し、その結果、新宿セントラル劇場は解体となってしまう。何ともやりきれない最後だったにちがいない。

3 街の開発

歌舞伎町の始まり

歌舞伎町では、一九五〇年（昭和二五年）に行なわれた「東京産業文化平和博覧会」で使用された建物が改装されて、スケートリンクと三館の映画館となっていた。それに対抗するように東亜興行が、映画館二館とダンスホール、グランドキャバレーが入ったビルを建てた。それまでの新宿の興行地域は新宿東口から二丁目手前までだったが、この二つの複合ビルの誕生によって歌舞伎町へ客が流れる新たなルートができたことになる。歌舞伎町文化のスタートと言ってもいいだろう。

一九五六年（昭和三一年）、「新宿フランス座」では、支配人と文芸部が対立して文芸部が解散した。経費の問題もあったと思われるが、「ストリッパーだけを出していればいい」「お客はコントや寸劇を観に来ているわけではない」などと支配人に言われて文芸部が反発したのかもしれない。文芸部がなくなればショウの構成はできなくなる。

歌舞伎町では一二月二八日、「新宿コマ・スタジアム」(のちのコマ劇場)が開館した。こけら落としは映画『オクラホマ！』だったという。以後はミュージカルや演歌の歌謡ショーに力を入れたが、二〇〇八年(平成二〇年)一二月三一日にその五二年の歴史に幕を下ろした。

一九五七年(昭和三二年)七月、新宿フランス座は関西ストリップを呼んでテコ入れを試みた。しかし一一月には「新宿ミュージックホール」と改称し、コントなどのバラエティを盛り込んだスタイルに戻っている。新宿のお客はまだシャイな人が多かったようで、ストリップ以外の演し物があったほうが「裸だけ見にきたのではない」とアピールしやすかったのかもしれない。

赤線廃止

一九五八年(昭和三三年)三月三一日の深夜一二時をもって全国の赤線が廃止された。「売春防止法」が施行されたのである。この法案は約二年がかりで進められ、赤線の業者たちは実質二年間の猶予が与えられていた。そのためキャバレーや旅館に転業した業者もある。警視庁保安課は一月、赤線を去った女性二〇〇名を調査した。帰郷者八六名、飲食店勤務一五名、結婚六三名。その他は行方不明だが、身体に染み込んだ商売をやめられず、闇の業界へと入っていった女性たちも多かったことだろう。

法律の施行で〝年季〟の明けない女性たちも借金はすべて帳消しになった。これで晴れて〝普通の女性〟となれたわけだ。大手を振って帰郷もできたし、結婚もできた。張り詰めていた心が緩み、安心して眠れるようになった者も数多くいたはずである。

しかし赤線が廃止になっても、手を替え品を替え、性風俗の世界は続いていった。たとえば赤線地帯だった新宿二丁目には「ヌードスタジオ」が登場した。表向きは、「モデルの裸婦をスケッチする」ということだったらしい。また、〝軍国キャバレー〟と銘打った「だいふく」もオープンした。セーラー服姿の女性が軍歌を歌い、軍隊風の敬礼をする。ホステスのことは「慰安婦」と呼んだらしい。しかしいつの間にかこの軍国キャバレーは消えてしまった。

一九五九年（昭和三四年）四月一日、「風俗取締法」第一号が施行された。これによりキャバレーやバーなど接客業が七つに区分され、それぞれの業態に規定（店内の明るさ、椅子席、接客方法など）と罰則が設けられた。

全ストショーのお目見え

この頃のストリップはというと、関西発のオールヌードのストリップである「全スト」「関西ストリップ」が関東にも流れてきて、「ベットショー」「オナニーショー」などに取り込まれていった。しかしそれは東京近郊の劇場で行なわれており、都内の劇場ではまだ「全スト」は自粛状態であった。

一九六一年（昭和三六年）九月一日、新宿御苑寄りの電車通り（現・新宿通り）に「内外ニュース劇場」が開館したが、あまり長続きしなかった。その頃、ついに都内の劇場でも全ストが行なわれるようになり、摘発される劇場が増えたが、いくら警察が摘発しても場所や時期を変えてどこかの劇場でまた全ストは行なわれ、イタチごっこを繰り返した。

この頃、喫茶店にはカップル専用の「ロマンスシート」が登場した。いわゆる〝同伴喫茶〟の始まりである。一方ではラブホテルも流行り出すが、お手軽な値段でムード作りができるこのロマンスシートは、たちまち若い世代に浸透していった。

また一九六〇年代初期は、一九六四年(昭和三九年)の東京オリンピックに向け、都内の風紀取り締まりが強化された。都内の「トルコ風呂」(いまのソープランド)一四七軒から〝ホンバン〟は減少し、〝オスペ〟(手のみでのサービス)の専門店や「ヌードスタジオ」へ転向していく店が増えた。この頃のヌードスタジオは、スケッチではなく貸しカメラでヌード撮影をするという建前に変わっており、チップ次第でオスペも可能だった。オスペ専門店では新宿「大木戸トルコ」という店が芸能界やスポーツ界で人気を集めていたそうだ。

アングラブーム

一九六五年(昭和四〇年)、元新宿フランス座の「新宿ミュージックホール」が、家主との賃貸契約終了を機に閉館となった。これで新宿からストリップ劇場は消えてしまった。

一方で、新宿に新しい独特の文化が生まれた。前衛劇運動、いわゆる「アングラ文化」である。ヒッピー・サイケ・フーテン・フリーセックス・同性愛・LSD……。

一般的には受け入れにくいものを取り入れた芸術が創り出されていった。絵・文学・音楽・演劇など、すべての分野がこのアングラ文化のなかにあった。澁澤龍彦❖、三島由紀夫❖、宇野亜喜良❖、粟津潔❖、横尾忠則❖、寺山修司❖、大島渚❖、土方巽❖、唐十郎❖など、名前を挙げはじめ

❖**澁澤龍彦**…(しぶさわ・たつひこ) 一九二八―八七年。東京都生まれ。小説家、フランス文学者、評論家。

❖**三島由紀夫**…(みしま・ゆきお) 一九二五―七〇年。東京都生まれ。小説家、劇作家。戦後の日本文学界を代表する作家の一人であると同時に、ノーベル文学賞候補になるなど、日本語の枠を超え、海外においても広く認められた作家。

たらきりがないが、皆、現在でも若いアーティストたちに影響を与えている。私も一〇代半ばからこうした先達の作品に触れ、憧れてきた。

一九六七年（昭和四二年）、唐十郎「状況劇場」が花園神社で初の紅テント公演を行なった。寺山修司率いる演劇実験室「天井桟敷」もこの年の創立で、「アートシアター新宿文化」で公演した（美術・横尾忠則）。

一〇月、新宿二丁目「モダンアート」が開館した。客席は三六席。のちにストリップ劇場となって、私のホームグラウンド的な小屋となるのだが、開館当初は前衛的実験小劇場としてオープンした。当時の支配人はコメディアンM氏。M氏はもともとストリップ劇場に出演していたのだが、のちに企画や演出にも関わるようになった。一九八六年頃にM氏と会ったとき、M氏は次のように語った。

「私自身、もう裸の世界が好きじゃなくなったのよ。大体ヌードは違法でしょ。私、法を犯してまで……なんて好きじゃないし。それでもうストリップ関連は全部手を引いた形にしたの」

そんな背景があってか、こけら落としは前衛劇団「黒の会」。映画と芝居の連鎖劇『快楽と手錠』を上演した。当時の新宿二丁目は、すでにゲイボーイの街として名を馳せていた。

一一月二一日、歌舞伎町二丁目。現在もストリップ劇場として残っているビルに「ミカサ劇場」（客席四〇席）が開館した。ストリップショーの合間にコントが入っていたようだ。

❖**宇野亜喜良**…（うの・あきら）一九三四年、愛知県生まれ。挿絵画家、グラフィックデザイナー。
❖**粟津潔**…（あわづ・きよし）一九二九―二〇〇九年。東京都生まれ。グラフィックデザイナー。
❖**横尾忠則**…（よこお・ただのり）一九三六年、兵庫県生まれ。美術家、グラフィックデザイナー。
❖**寺山修司**…（てらやま・しゅうじ）一九三五―八三年。青森県生まれ。歌人、劇作家。演劇実験室「天井桟敷」主宰。
❖**大島渚**…（おおしま・なぎさ）一九三二―二〇一三年。岡山県生まれ。映画監督。
❖**土方巽**…（ひじかた・たつみ）一九二八―八六年。秋田県生まれ。舞踏家、振付家、演出家、俳優。
❖**唐十郎**…（から・じゅうろう）一九四〇―二〇二四年。東京都生まれ。劇作家、作家、演出家、俳優。
❖**田辺茂一**…（たなべ・もいち）一九〇五―八一年。東京都生まれ。出版事業家。紀伊國屋書店創業者。
❖**ピーター**…一九五六年、大阪府生まれ。歌手、俳優。

この頃の歌舞伎町は、コマ劇場を中心に独自に発展していった。歌声喫茶・キャバレー・パチンコ屋・スマートボール・トルコ風呂・連れ込み宿など、この街に来れば誰でも何かしらの楽しみを見つけることができた。その辺がアングラ族とは違う文化だ。アングラ族は新宿駅の東口・西口付近で自らが創り出した文化を楽しんでいた。歌舞伎町はむしろ、新宿に初めてくる人たちのたまり場となっていった。

一九六九年（昭和四四年）から七一年（昭和四六年）にかけては、新宿でのゲリラ撮影やハプニング劇の完成版とも言える映画が公開された。その『新宿泥棒日記』（監督・大島渚、配給・ATG、主演・横尾忠則）には、紅テント一座や紀伊國屋書店社長・田辺茂一氏❖、小劇場「蠍座一座」らが出演した。セックスについて座談会をしたり、男女の性についての感情を象徴的に見せたりするなど、新宿の街と性をテーマにしたドキュメントタッチの映画である。

また、新宿のゲイボーイを描いた映画に『薔薇の葬列』（監督・松本俊夫、配給・ATG、美術・朝倉摂、主演・ピーター）がある。ピーター❖のデビュー作となった作品で、ゲイボーイへのインタビューから当時の風俗を知ることができる。

そして『書を捨てよ町へ出よう』（監督・寺山修司、配給・ATG、主演・佐々木英明）は、新宿東口のあらゆる場所を演劇空間として切り取ってみせた。この寺山ワールド全開の映像を見ていると、何にでも変化できる新宿という街の底知れなさを痛感させられる。

西口開発

一九七一年（昭和四六年）、新宿初の超高層ビル「京王プラザホテル」がオープンした。高さ一七〇メートル。西口開発計画から一一年が経っていた。これだけの年月を要したのにはさまざまな理由があるが、つまりは新宿が大企業にとってうまみの少ない街になっていたということだろう。

もともと西口の淀橋浄水場の跡地は一一街区（一街区五〇〇〇坪＝一六万五〇〇〇平方メートル）に区切って売り出されていたが、当時東口でひしめき合っていた小さな会社にこの規模の開発は無理だった。となれば、どこかの大企業が買ってビルなどを建てるくらいしか開発の仕様がない。

しかし、新宿は昔から悪い遊び場のイメージが強く、さらにこの頃はフーテンやヒッピーがたむろする街というイメージも付加されていた。ヤクザの抗争事件も起きている。新宿駅と直結している小田急デパートや京王デパートでは、ワンランク上の暮らしを求める家族層をターゲットに絞って街のイメージアップに力を入れていた。

そんななかでの京王プラザホテルの開業であった。これを皮切りに、新宿西口は高層ビル街へと急速に変化していく。

家畜人ヤプー

一九七〇年（昭和四五年）、高度成長期に入って好景気に沸く中、沼正三❖が男性マゾ小説『家畜人ヤプー』を出版した。原稿を読んだ三島由紀夫が大絶賛し、出版に向けて力を貸したという。果たしてこの長編空想世界小説は世の大反響を呼び、二年後には新宿三丁目に家畜人ヤプーの店「ヤプーの館」がオープンした。ハイヒールを履いた美女たちからお出迎えを受けたあと、ハイヒールで〝聖水〟(おしっこ)が頂けたという。著者の沼正三こと天野哲夫氏に聞いたところによると、このヤプー関連の事業については、猿人類オリバー君やネッシーなどの話題作りを手かけた〝闇のプロデューサー〟康芳夫❖氏が大きく関わっていたそうだ。

一九七四年(昭和四九年)。関西ストリップ業界に「獣姦ショー」「マナ板ホンバンショー」の演目がお目見えするようになる。行き着く所まできてしまったストリップショー。この頃の全国のストリップ劇場は二〇〇館となる。そしてこの年、映画『エマニュエル夫人』が大ヒットし四カ月のロングラン上映となった。その八割のお客が女性であったという。

一九七五年(昭和五〇年)五月八日、新宿西口にあった「新宿ＯＳ劇場」に手入れがあり、照明係と踊り子らが逮捕された。このＯＳ劇場、いつ開館したのかは定かではないが、昭和四〇年代にはすでにあり、その土地は神社の敷地内にあった。近くにはソープランドもあり、西口ではここだけがお目こぼしをされていたようだ。この周辺には一五七〇年代から常円寺という大きな寺があり、大名の下屋敷や抱《かかえ》屋敷などが現・青梅街道沿いに建てられ、昭和初期には商店会が賑わっていたそうだ。そんな土地柄もあって、遊行の地として長く許されていたのかもしれない。

❖沼正三…(ぬま・しょうぞう)　小説家。主に、一九五六年から『奇譚クラブ』に連載された小説『家畜人ヤプー』により知られる。覆面作家として活動し、その正体には諸説あるが天野哲夫(一九二六―二〇〇八年)が自分であると名乗り出た。

❖康芳夫…(こう・よしお)　一九三七年、東京都生まれ。自称「虚業家」。「闇のプロデューサー」の異名でも知られる。

一九七六年（昭和五一年）には新宿二丁目の「モダンアート」もストリップ劇場になった。その頃、東京のストリップ劇場もソフト路線ではいられなくなり、演目には、「オープン」（陰部を開く）、「天狗ベット」（天狗面を使ってオナニー）、「入れポン」（お客にコケシを挿入させる）、「レンズ」（陰部にレンズを当てペンライトで見る）、「アヒル」（産婦人科で使用する器具を挿入し膣奥を覗かせる）、「本番マナ板」（お客を舞台に上げてホンバンする）が並んだ。

ハードショー登場

また、〝じゃぱゆきさん〟が流行り、フィリピン人の踊り子が増えていった。彼女たちのほとんどは観光ビザで入国しており、もともとダンスができるわけではない出稼ぎ労働者たちだった。ストリッパーのギャラは演目によって変わるが、彼女たちは一番高いギャラの「本番マナ板」で稼いで帰っていく。彼女たちにはプロモーターがいた。何人かのプロモーターからギャラを搾取され、その残りが彼女たちへ入る。一九八〇年代に私が聞いた話では、一〇日間で手取りはたったの七万円ほど。それでも母国では大金で、彼女たちはその中から母国で待っている両親や子どもにプレゼントをたくさん買って送っていた。しかしそんな美談ばかりではない。手癖の悪い者も多かったため、日本人踊り子たちは楽屋に現金を置かないようにしていた時期もあった。

その頃、新宿周辺に増加していた「パンマ売春」に警察が動き出した。マッサージ置屋が一二軒、検挙された。

一九七七年（昭和五二年）は、新宿にストリップ劇場ラッシュが起こる。五月には歌舞伎町にある新宿区役所の近くに「TSミュージック劇場」が、六月には「新宿ショー劇場」が開館した。さらに一〇月にはあの「ムーラン・ルージュ」があった国際劇場のビルの五階に「新宿ミュージック」が開館した。新宿ミュージックの入場料は二〇〇〇円で、演目には「マナ板ショー」が欠かせなくなっていた。

しかし人間とは何と飽きっぽいものか。観客たちはすでに次の刺激を求め始めていた。こうした客の欲求がSM「残酷ショー」の第一次ブームにつながっていく。関西ではローズ秋山夫妻❖というペアが一九六〇年代から人気を集めたが、一九七〇年代後半の東京には、のちに私がコンビを組みデビューした「オサダゼミナール」❖と「シアタースキャンダル」❖くらいしかなかった。

残酷ショーは特別興行として劇場の目玉でもあった。それもそのはずで、残酷ショーのギャラはべらぼうに高かった。その頃のオサダゼミナール男女ペアのギャラは、「舞台仕込み料別」で一〇日間で一八〇万円。この頃の日本人の本番マナ板のおねえさんで一〇日間で四〇万円ほどであったというから、いかに高いギャラであったかわかるだろう。しかも通常は一日四ステージ行なうところ、残酷ショーの場合は、縛ったり、鞭打ったり、吊ったり――と肉体的にかなりハードであることを理由に、疲労回復の時間を考慮して、一日三ステージで良しとされていた。ちなみに舞台仕込み料とは、相手のマゾ役の女性を吊るすのに必要な足場用の鉄パイプのレンタル料のことだ。

残酷ショー人気の背景にあったのは、新しい刺激を求める欲望だ

❖**ローズ秋山夫妻**…ローズ秋山と秋山美智夫のペア。一九六〇年代中頃から夫婦で、鞭や蝋燭を使った「残酷ショー」をストリップ劇場を中心に行なう。奇譚クラブのみならず中島貞夫監督の映画やテレビドラマなどにも出演し、一般の注目も集める。七〇年代初めまで活動。

❖**オサダゼミナール**…長田英吉が一九七五年に始めたSMサークル。七〇年代に入ると、玉井敬友や桜田伝次郎の劇団舞台でも開催されるようになり、SMショー・ブームの原動力となっていった。

❖**シアタースキャンダル**…玉井敬友が主催の劇団。

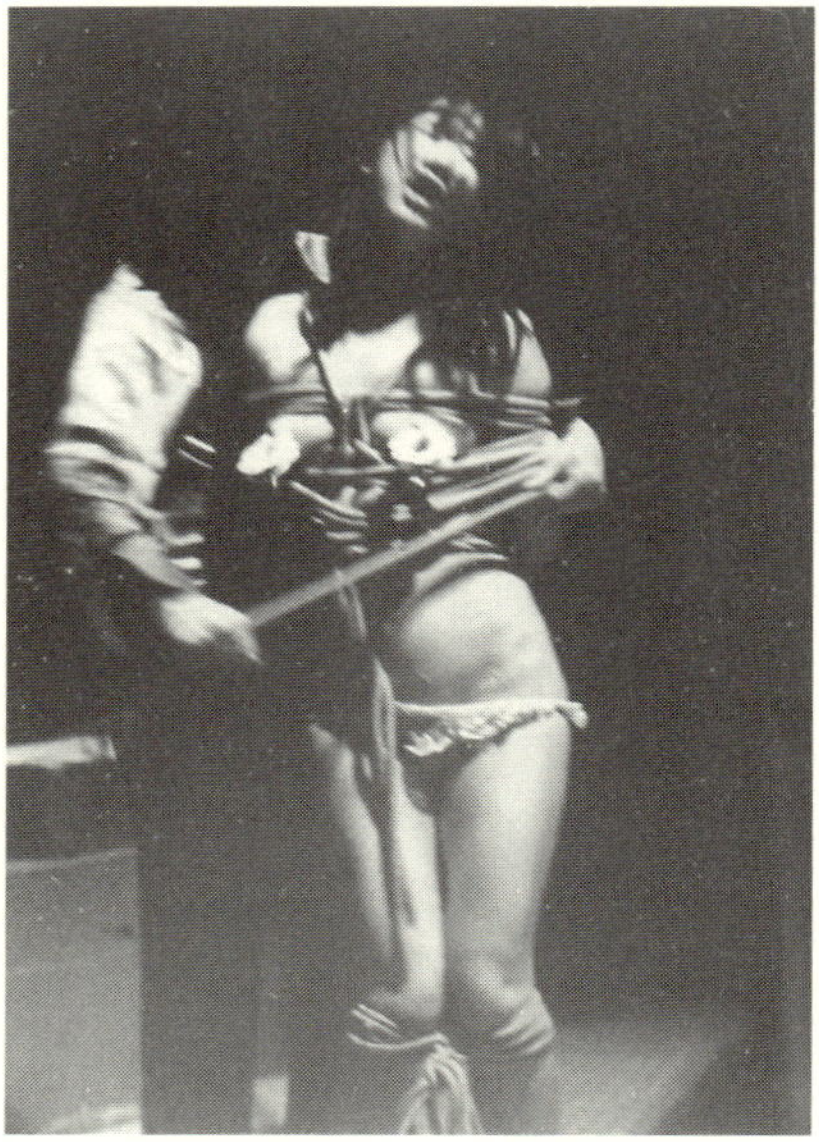

オサダゼミナールの「残酷ショー」の舞台に立つ早乙女宏美

けではなかった。当時サド・マゾ性癖のある人は人目をはばかり、とてもそんな性癖があるとは言い出せない状況だった。せいぜい町の小さな本屋にも出回り始めたマニア雑誌を買って読みあさるしかなかった。しかし残酷ショーが出現したことで、サド・マゾを生で見られるようになった。息を潜めていた愛好者たちがどっと劇場に押しかけたことは言うまでもない。オサダゼミナール主宰の故・長田英吉氏❖も愛好者の一人で、ショーがあると聞けば、全国どこへでも観に行っていたという。

しかし劇場側ではそんな愛好者たちの存在を把握しておらず、ただ「高いギャラはリスクが大きい」と敬遠していた。しかし刺激のある演目は欲しい。そこで、ストリップ劇場の従業員から支配人になり、企画発案者として名を残したジョージ川上こと川上譲治氏❖は、ギャラを抑えたSMチームを作ることを決意し、当時のアングラパフォーマンス集団に声をかけた。

❖**長田英吉**…(おさだ・えいきち)一九二五―二〇〇一年。栃木県生まれ。オサダゼミナール主宰。
❖**川上譲治**…(かわかみ・じょうじ)一九五〇年、島根県生まれ。元ストリップ劇場支配人・企画者。著書に『すとりっぷ小屋に愛をこめて』(人間社文庫)など。
❖**胡弓&カラス前衛緊縛ショー**…一九八〇年、川上譲治がモダンアートにて「ラー企画」のメンバーを使って行なった前衛SMショー。

一九八〇年（昭和五五年）二月二一日、「胡弓&カラス前衛緊縛ショー」❖が登場した。これを皮切りに新しいSMショーが次々と作り出されていった。その勢いにオサダゼミナールの長田氏は、「お陰でこっちはギャラが下がるし、一日四回が通常となるし、参ったね」と嘆いていた。

作り手が増えれば商品が多様になり、買い手が増える。しかし価格破壊が起きて質が低下していくと、本物の愛好者は見向きもしなくなる。このことはいつの時代のどんな業種でも起きることだ。しかしSMショーに限ってはそう簡単に廃れはしなかった。飢えた時代を長く味わった愛好者たちは、じっとりと熱い視線を送り続けた。

4 変容する性

「ビニ本」「ノーパン喫茶」の登場

一九八一年（昭和五六年）。世の中の性風俗が少しずつ変わり出していた。

「性風俗」と言えばソープランドに代表されるようにホンバン行為、もしくはホンバンに近い行為ができる――というのが一般男性の基本的な認識であった。そのために男性客はソープランドに行くのであり、そこで働く女性たちも自分の体を売るという意識を持って働いていた。

しかし、自動販売機で買えるアダルト雑誌（自販機本）やビニールで包まれたアダルト雑誌（ビニ本）が流行し、さらに女性器などがズバリ写っている〝ウラ本〟が出回ったことで、男性の自慰行為を前提とした性産業が大きくなり出していた。京都では「ノーパン喫茶」が登場。ウェイトレスがミニスカートでノーパンというだけでその人気はあっという間に全国へと広がった。そうした風俗店は女性たちの意識も変え、ちょっとしたアルバイト感覚で気軽に性産業に従事する女性が増えた。かくいう私も新宿区高田馬場にあったノーパン喫茶の変型「ランジェリー喫茶」（ウェイトレスはランジェリー着用）でアルバイトをしていた。

その頃、前出の川上譲治氏は、ストリップで新しい演目を生み出した。「ポラロイドショー」だ。当時流行りの性風俗を茶化し、「あなたもビニ本のカメラマンになってみませんか」というキャッチフレーズで、お客にポラロイドカメラを渡し、撮影させるというショーだ。局部を撮影できるということで瞬く間に評判となった。撮影タイムになると客は我先にと挙手をし、じゃんけんで撮影権を決める。それまでの場内アナウンスは「劇場内での写真撮影は固くお断りいたします」であったのに、今度は「さぁ皆さん、記念に撮影して行きませんか！　どうぞ手を上げて！」と撮影を煽った。

このポラロイドショーは大当たりし、演目として全国に定着した。フィルム代一枚五〇〇円を踊り子に支払い、シャッターを切る。はじめのうちは局部を撮影できることが嬉しくて、接近しすぎるお客も多かったが、次第に踊り子に対するファンの意識から「顔を撮りたい」「衣装を撮りたい」と変化していった。

しかし局部の写ったポラロイド写真は公然猥褻罪の証拠となってしまうため、初期の踊り子は皆、顔を撮らせようとしなかった。それがいつしか踊り子はアイドルのような存在になり、ニッコリした顔で写るようになっていった。また、フィルム代一枚五〇〇円の現金収入は、踊り子の人気のバロメーターでもあった。しかしその現金は踊り子の懐へは入らない。ポラロイドの演目は、集客が厳しいときに行う劇場側の頼みの綱となっていったのだ。そして今やポラロイド代がなければ劇場経営が成り立たず、踊り子全員の演目がポラロイドという事態に陥っている。まさかこうなる

DX歌舞伎町

新宿ニューアート

とは川上氏も思わなかっただろう。

　一九八二年（昭和五七年）。「歌舞伎町ミカサ劇場」があったビルに「歌舞伎町ミュージック」が開館した（入場料二八〇〇円。のちに「DX歌舞伎町」と改称）。三月にはゴールデン街入口近くに新しく建てられたストリップ劇場「新宿ニューアート」も開館した（入場料三〇〇〇円）。新宿ニューアートの総費用は一億円とも言われている。

　この頃のストリップ劇場では、毎週土曜日はオールナイト興行をやっていた。映画もオールナイト興行が人気だった。集客が見込める時間は少しでも無駄にしないということだったのだろう。劇場では週末に大入り袋が出ていたという。

　大入り袋が出る入場者数は劇場によってまちまちだが、だいたい三〇〇人前後であった。中身は五〇〇円。踊り子と従業員の全員に配られる。安いようだが金額の問題ではない。踊り子だってお客が多い方が嬉しいに決まっている。大入りが出ると皆の顔がほころび、「良かったね！」と笑い合う。心がほっこりするひとときである。

「モダンアート」では連日オールナイトにして、独自のバラエティ豊かなショーを作ろうと試行錯誤していた。関わっていたのは川上譲治氏だ。川上氏は既成の演目だけではなく、常に何か新しいものをと考えていた。彼もまた、ストリップ劇場を何とかしたいという思いが強かったのだろう。

楽屋風景

この頃、新宿には六館のストリップ劇場があった。都内にストリップ劇場が増えていくことにより、楽屋内の商売が活気づいてきた。「業者さん」と呼ばれる、踊り子たちに楽屋で物を売る人たちがいた。業者さんの始まりは定かではないが、一九七〇年代にはすでにいたようだ。また昔は踊り子を宣伝する雑誌がなかったため、フリーの写真家が独自に踊り子と交渉しブロマイドを撮って売っていた。この商売はストリップの初め頃からあったようだ。

業者さんの存在によって、ステージ化粧をしている踊り子さんたちは大変助かっていた。厚化粧のため買い物にも行けない中、化粧品メーカー（ポーラ、メナードなど）、衣装屋・洋服屋・下着屋・貴金属屋などの営業員が大きなトランクを抱え楽屋を回ってくる。洋服屋では、夜遊びに出かける踊り子さんに、高級ブランド「伊太利亜」のフォーマルなスーツが飛ぶように売れていたとか。また一番需要があったのは貴金属であった。女の見栄もあるのか、とにかくいろいろな宝飾品をジャラジャラとつけたがる人が多かった。五本すべての指に指輪をしているのも見たことがある。センスなんてあったもんじゃなかった。

当然、買い物にハマって〝ローン地獄〟を味わう踊り子もかなりいた。業者さんへの支払いは一〇日ごとの〝ギャラ日〟に「一括払い」で支払ったり、ギャラ日ごとの「金利無しローン」にしてもらって支払ったりして、支払いの方法が選択できた。しかし業者さんから一度買うと必要ないものでも付き合いで買い続けるようになってしまう。業者さんたちは買う踊り子がいてもいなくても必ず楽屋に顔を出すので知らん顔しづらいのだ。もっとも、今では化粧がナチュラルになって皆買い物へ出かけることができるので、以前のように業者さんから高価な物を買うことはほとんどないようだ。

ソフト風俗店

東京でも〝ソフト風俗〟が定着し、人気を博してきた頃、新宿に大きな変化が起きた。会員制ソフトポルノデパート「ファイブドアーズ」がオープンしたのである(年会費三〇〇〇円)。場所は映画館としていち早く新宿駅前東口に開館していた「武蔵野館」の中。当時そのビルには女性服の大手メーカー「三愛」が入っており、映画を観る人や洋服を買いに来る女性たちでビルはいつも賑わっていた。その地下二階に〝ソフトポルノデパート〟がオープンしたというのだから、テレビや雑誌で大いに取り上げられた。

店内は店名通り五つのセクションから成り立っている。

一、喫茶ラウンジ。コーヒー・紅茶飲み放題七〇〇円。女性の待機場所ともなっており、時折、女性の紹介も兼ねたパンティオークションショーを開催していた（女性はノーパンではない）。

二、個室ビデオボックス（ウラ物はなし）。三〇分一〇〇〇円。

三、個室ヌード撮影またはテレホンセックス。お客がどちらかを選び、女性を指名する。テレホンセックスはマジックミラーで仕切られインターホンで話す。三〇分七六〇〇円。ヌード撮影はポラロイドで撮るが、従業員からのチェックは厳しく、違法なものはすべて没収される。三〇分八六〇〇円。

四、ポルノショップ。

五、パソコンを使ったセックス情報室。どこにどんな店があるといった、今で言う「案内所」だった。ワンブロック三〇〇円。

ファイブドアーズのモットーは「明るく、楽しく、健全に」。従業員はすべて大学生で、Tシャツにチノパンが制服だった。

当時の新宿歌舞伎町性風俗は〝ボッタクリ〟というイメージが強かった。値段はあってないようなもの。取れる客からは取ってしまえ、という風向きだった。それを健全なイメージに変えて、女の子もお客さんも楽しんでもらえる場所を作りたいというのが、企画者の藤木正夫氏❖の意図だった。

❖**藤木正夫**…（ふじき・まさお）一九五〇年、福岡県生まれ。映画やテレビドラマの企画・制作を経て、「ファイブドアーズ」を企画する。一九八四年、ヌードモデルプロダクション「ファーストプロモーション」を設立。

私がバイトしていた高田馬場のランジェリー喫茶はすぐに閉店したので、今度はその頃流行り出した「のぞき部屋」で働き始めた。場所は歌舞伎町。コマ劇場前、映画館「日活ロマンポルノ劇場」の隣にある店だ。昼一二時から深夜三時まで。場所も良かったのかいつも満員であった。

フロアはだいたい一〇室くらいに仕切られており、それぞれが四畳程度のピンクの絨毯敷きの部屋になっている。ここが女の子の部屋という設定だ。そこをマジックミラーでお客が覗く。入れ替え制、一回二〇分、入場料二〇〇〇円。二〇分間の女の子たちの演技は自由であったが、たいていは身繕いを整え、ホッと一息ということで何気なくビニ本を眺め、そのまま自慰行為をしてしまう、という流れであった。場所が歌舞伎町のど真ん中ということもあり、ショーツ着用は絶対であった。別料金でナニしてくれるということもない時代。今では考えられないようなソフトさだ。この店では女の子が足りず、私は一日一〇時間働いていた。このときに習得したオナニーの演技がのちに役立ったこともあって、私の舞台の原点だと思っている。

ストリップショーの改革

一九八三年(昭和五八年)。ストリップ劇場のハードな演目合戦はピークに達し、食い合い状態、飽和状態となっていた。しかし違法な演目ゆえ宣伝もしづらい。

そこでそれまでは表だっての顔出しはしてこなかった踊り子たちを、マスコミに向けてアピール

❖**美加マドカ**…(みか・まどか) 一九六三年、岐阜県生まれ。元祖アイドルストリッパー。一九八二年デビュー。
❖**青山未央**…(あおやま・みお) 一九八四年デビュー。
❖**スージー明日香**…(すーじー・あすか) 刺青が立派な元ピンク映画女優。

していく劇場や一座が出てきた。〝ホンバン女優〟として売り出した愛染恭子一座や美加マドカ❖である。彼女らをタレントやアイドルとしてマスコミに売り出し、ストリップ界のイメージや方向性を変えようとしたのだ。

「新風営法」が制定されたのが一九八四年（昭和五九年）。過激化する風俗店の取り締まり強化が始まった。ラブホテルの特殊ベッドの禁止。風俗店の営業は深夜〇時まで。一八歳未満の客の立ち入りと、同じく一八歳未満の従業員の雇用の禁止。ストリップ劇場の誇大広告や立て看板の禁止。さらに、「学校、図書館、児童福祉施設から二〇〇メートル以内の地域では、風俗店は営業できない」という規定も盛り込まれていた。歌舞伎町では風俗店を制限するため、わざわざ新宿区役所内に図書館の分室を作った。これにより、この周辺では新規店が作れなくなった。

また、警察による劇場とのウラ取引として「今まで大目に見ていたホンバンは無しにしてくれ。見つけたらパクるぞ」というきつい御達しが東京地区と神奈川地区に言い渡された。これまで関東圏では、ソープランドの代わりとして、マナ板ホンバンはお目こぼしされてきた。集客の目玉としてきたホンバンがついになくなる。苦肉の策として、警察が手入れに来ない最終ステージでホンバンをする劇場も出てきた。しかし、いつまでもホンバンに頼れないと悟った一部の劇場は、集客のため劇場専属のアイドルを生み出すことにした。「渋谷道頓堀劇場」の清水ひとみ嬢、「新宿ＴＳミュージック」の青山未央❖嬢、「新宿ミュージック」のスージー明日香❖嬢らが先陣を切った。

新宿よりも厳しい四谷警察署の管轄内にあった「モダンアート」は窮地に立たされた。四谷署から、営業に際して次の条件が提示されたのだ。

一、局部の露出は絶対禁止
一、劇場の名義変更は一切できない

ストリップ劇場ではショーツを脱がなければ集客できず、「局部の露出は絶対禁止」ということでは、いずれ潰れることは明らかだった。また、「名義変更禁止」ということはすなわち現社長限りでこの劇場は終わりということ。四谷署にとっては、モダンアートだけが厄介な場所であり、早く潰したいというのが本音だったのだ。何度も困難を乗り切ってきたモダンアートも今回ばかりは〝スケスケパンティ〟を履くということくらいでしか抵抗できず、いよいよ経営が厳しくなってきた。

私はストリップ劇場にデビューした一九八六年（昭和六一年）頃、モダンアートによく乗っていた。ショーツを脱がないストリップ劇場に来る客は少なく、昼間は四、五人しかいない。いずれ潰れるとわかっているからか、楽屋のカーペットは擦り切れ、シャワー室もない。トイレはお客さんと同じ場所で、地下だからか、いつも薄暗くじっとり湿っており、悪臭を漂わせていた。しかしそんな古い劇場だからこそ、無茶な演出をしても文句無しだった。舞台に大きな磔台《はりつけだい》を置いて風車のように回したり、大きな水槽に水を張って〝水責め〟をやって舞台や客席をビショビショにしたり、と好き放題できた。

この頃、「ＡＶ」（アダルトビデオ）が爆発的な人気を集めていた。ストリップ劇場はＡＶに押されたのか、目立つ新人も出なくなった。あせったストリップ劇場は劇場に新風を呼び起こすべく、ＡＶギャル、ＡＶチームを続々とデビューさせていった。これはマスコミでの話題作りも目論んでのことである。
たとえばモダンアートでは、ロマンポルノ女優の萩尾なおみ❖が二代目一条さゆりとして襲名披露公演をした。口上は故・鳳啓助❖である。また新宿ニューアートでは、元祖大学生Dカップギャル中村京子❖チームがデビューし、TSミュージックでは、深夜番組『海賊チャンネル』でレギュラーコーナー「イッテみるく?」を持った田代葉子❖が「ミルキーズ」を結成した。こうして、ホンバン禁止で減少していた客足を呼び戻し、「観る」ストリップが復活を果たした。私もポルノ映画でデビューしていたため、この頃は「ロマンポルノ女優」という冠をつけられ、重宝されていた。

サヨナラ新宿モダンアート

世の中はバブル期に入り、新宿には地上げ屋がうろつくようになった。当時私は新宿西口十二社《じゅうにそう》付近に住んでおり、朝、喫茶店に行くとよくお坊さんと地上げ屋が密談(?)しているところに出くわした。十二社の辺りはまだ昭和の香りが漂い、個人商店や古い家屋も残っていた。それがこの先なくなるのかな、ビルが増えるのかな、と漠然と思った。実際二〇〇〇年(平成一二年)以降になると、個人商店が集まった商店街は消滅し、高層マンションが林立した。

ショーツを脱がずにスケパンで演じたモダンアートは、ついに持ち堪える力を失い、一九八七年(昭和六二年)八月から一カ月に渡るサ

❖萩尾なおみ…(はぎお・なおみ) 一九八一年ピンク映画デビュー。一九八六年、二代目「一条さゆり」を襲名。

❖鳳啓助…(おおとり・けいすけ) 一九二三—九四年。大阪府生まれ。漫才師、俳優。

❖中村京子…(なかむら・きょうこ) 一九六一年生まれ。一九八二年デビュー。AV女優。AVに初めて「巨乳」というジャンルを作った先駆者でもある。二〇〇二年より新宿ゴールデン街でスナック「中村酒店」を経営している。

❖田代葉子…(たしろ・ようこ) 田代が「イッテみるく?」とシロート男性に迫る海賊テレビチャンネル「愛の宅配便!出前!イッテみるく?」で人気に。一九九四年、新宿ゴールデン街に「シネストーク」開店。

ヨナラ公演を開催した。終演となるとお客は駆けつけるもの。このときばかりは連日賑わいを見せていた。私もオサダゼミナールの一員として二〇日間のロングランをする一方で、豪華日替りゲストを観て楽しんでいた。愛染恭子一座や二代目一条さゆり嬢のショー、浅草駒太夫嬢の豪華花魁ショー、ＳＭショーやアダジオショーなど。川上譲治氏が育てたメンバーもステージに立った。皆、それぞれに交流があったから、楽屋は同窓会のような華やかさであった。新人の私はそこで先輩たちの話を聞いて、ストリップ業界のことを学んだ。

サヨナラ公演の客席の中には、新宿の有名人「タイガーマスク」もいた。プロレスラー・タイガーマスクのマスクをかぶってラジカセ付きの愛用自転車（造花で豪華に飾り付け）に乗って、新宿区内を所狭しと走り回る、元気いっぱいの新聞配達人だ。彼は連日のように観にきており、最終日にはそのマスクを外し、「お疲れさまァ！」と声援を送ってくれた。その光景は目に焼き付いて今でも忘れることができない。

ＡＶチーム登場

ヤレなくなったストリップ、アングラ指向のストリップは時代遅れとばかりに踊り子のアイドル化はどんどん進んでいく。人気を博したＡＶ女優がストリップ劇場に出演するようになっていった。ＴＳミュージック劇場では松本伊代❖のそっくりさんの松友伊代、ＤＸ歌舞伎町では三田寛子❖のそっくりさんの三田寛美❖チーム、新宿ニューアートでは舞坂ゆい❖……と後を断たない。

ＡＶチームは良くも悪くも台風のような騒動を巻き起こした。劇場側は特別興行とし、入場料を普段の倍の六〇〇〇〜八〇〇〇円に引き上げた。それでも大入り満員。彼女らのチームショー（三、四人）のギャラは一気に跳ね上がった。一チームのギャラは一〇日間で一五〇〇万円とも言われた。その中には衣装代や大道具費も含まれているだろうが、大半はマネージメント料として事務所に入っていただろう。AVに出演させるよりもトラブルが少ないストリップ劇場の方に旨みがあることを知った事務所は、AV女優を次から次へと劇場へ送り込むようになった。

すると次第に楽屋の雰囲気は悪くなっていった。もともとは「芸」の世界。踊り子同士の上下関係はまだまだ厳しい。そこへ何も知らないAVギャルが入ってきたのだ。挨拶ができない。楽屋を綺麗に使わず、共有スペースの掃除もしない。時間にルーズでアナを空ける——などの行為が目立った彼女たちを、踊り子たちは「AVさん」と呼んで嫌った。彼女たちをシカトするねえさんもいれば、「今週はAVさんがいるのか。チィッ！」と舌打ちをし、露骨に嫌な顔をするねえさんもいた。チームで入るAVさんたちは、自分たちだけで楽しめるからまだいいとしても、単独で入るAVさんにとってこうした村八分的な扱いは精神的にキツかったのではないかと思う。

しかしブームというものは長続きしない。大所帯のAVチームではギャラがかかりすぎて小さな劇場ではペイできないし、単独ではあまりに芸がなかった。もちろんしっかりステージのことを考えている子もいたが、基本はアイドル歌手のようなフリフリ衣装に、手踊りだけのブリッ子踊り。これではお客も飽きてくる。

❖**松本伊代**…（まつもと・いよ）一九六五年、東京都生まれ。歌手、タレント。
❖**松友伊代**…（まつとも・いよ）一九六六年、北海道生まれ。元AV女優、ストリッパー。
❖**三田寛子**…（みた・ひろこ）一九六六年、京都府生まれ。女優、歌手、タレント。
❖**三田寛美**…（みた・ひろみ）元AV女優。
❖**舞坂ゆい**…（まいさか・ゆい）一九六八年、神奈川県生まれ。元AV女優。

ＳＭ大会

そこで再び注目され出したのが「ＳＭ」であった。ＡＶ女優黒木香❖のブームに乗り、アンダーグラウンドの存在だったＳＭも陽の目を見るようになった。さらに「レディースコミックブーム」も大きかった。レディースコミックでは、不倫やアブノーマルセックスの展開がほとんどを占めていたからだ。

ＳＭとなるとペアが必要となるが、そこはギャラを抑えるため「自縛ショー」とし、踊り子一人で自らを縛るという内容になった。私がオサダゼミナールのもとから一人立ちしたのが一九八八年（昭和六三年）。その頃アイドル作りに力を入れていたＴＳミュージックは、アイドルとは別枠でＡＶ女優たちに自縛ショーをやらせるようになっていた。森川菜々❖、浅野ミキ❖、永井一葉❖といった踊り子を生み出し、私も彼女たちと親しくなっていった。

もとよりＡＶ女優は何かを表現したり演技したりすることが嫌いではないはず。その彼女らに〝ＳＭ〟や〝自縛〟という心情を表現する演目を与えることは間違っていない。ＳＭはソロの踊りより、心の表現が重要な演目である。本当のＳＭプレイではなく、あくまでもショーとしてのサド＆マゾ感。この〝個人の感性〟を存分に表現する「自縛ショー」は、一〇〇人いれば一〇〇通りの、それぞれの個性が出る舞台となっていった。

私は毎日のようにオサダゼミナールの長田英吉氏と顔を突き合わせ、ＳＭについて勉強した。ほとんど知識がないままＳＭの世界へ放り込まれたＡＶ女優たちもまた、彼女らなりに勉強し、努力していた。そして皆それぞれにロープと戯れ、工夫していったのだ。

昭和が終わり、元号が「平成」へと変わった一九九〇年（平成二年）。入国管理法改正でフィリピン人ダンサーは激減し、代わりにチリ人やコロンビア人が増えていった。しかし取り締まりも厳しくなり、そうそう外国人頼みができなくなり、都内に外国人が乗る劇場は一、二館だけになった。

テレビのコントにも「女王様」などの単語が登場するなど、「SM」という言葉が世間に浸透していった。また、取り締まりから逃れるために店名に「SM」を付ける店も増えていった。SMは個人の性癖として、取り締まりが緩かったのだ。

そんな時代の流れをいち早く読んだストリップ劇場があった。埼玉県大宮市（現・さいたま市）にある「ショーアップ大宮劇場」である。この年、周囲の業界人の反対を押し切って「SM大会」を開催した。出演者七名のうち五名が自縛ショー。周りの予想に反して大入り満員となった。その驚異的な数字に他劇場はびっくりして、二匹目のドジョウを狙うべく我先にと「SM大会」を開催していった。

そうしたSM大会を支えていたお客の多くはM的嗜好の男性だった。これはのちにブームとなる「女王様ショー」で判明したことだ。残酷ショー時代から約一五年ぶりにスポットが当たったSM。ましてや男性としては告白しづらい「マゾ」という性癖にスポットが当たったことで、気持ちが楽になった人も多かったのではないだろうか。しかし、まだこのときは、マゾ癖の女性を自分に置き換えて観る必要があった。

❖**黒木香**…（くろき・かおる）一九六五年、鹿児島生まれ。元AV女優。
❖**森川菜々**…（もりかわ・なな）元AV女優。
❖**浅野ミキ**…（あさの・みき）元AV女優。
❖**永井一葉**…（ながい・かずは）元AV女優。

このブームによって自縛ショーの踊り子はどんどん増え、ギャラも上がっていった。都内はもとより関東のどこかの劇場でSM大会は数カ月に一度開催されるようになり、SM大会の日程が複数の劇場でぶつかることさえあった。どこの楽屋に行っても自縛ショーの仲間たちがいて、同窓会のようだった。

煎餅持ってこーい！

この頃、私がよく出演していた劇場に「新宿TSミュージック劇場」がある。ビルの中の長方形の劇場。楽屋は大部屋一つ。そこに一〇人前後の踊り子がいる。一人につき座布団一枚も敷けない状態だ。個性の違う踊り子が寄り添い合っているのだから、いろんな意味で厳しかった。アイドル小屋の新宿TSミュージック劇場ならではのエピソードはいくつかあるが、その一つはファンからの〝差し入れ〟だ。花は定番すぎて踊り子たちからの扱いは雑である。そこでファンたちは、ほかの踊り子さんたちと分けられるようにとお菓子を持ってくる。若い女の子ということで一番多いのがケーキだ。しかしケーキはナマモノ。一個や二個ならまだ食べられるが、五人、六人の踊り子がそれぞれケーキをもらうと大変だ。楽屋の共同冷蔵庫はケーキで溢れかえることになる。ほかにもチョコやらクッキーやらとにかく甘いものだらけ。誰ともなく口から出てくる言葉は「オイ！　誰か煎餅持ってこーい！」。

さらに困ってしまうのは、ホストにハマっている子。ホスト好きの踊り子は昔からいたが、携帯電話が普及すると、女の子は朝から楽屋で大変だった。朝（といっても一一時近く）、私が楽屋へ入ると暗い楽屋に人影があり、シクシクやっている。「本当に私のこと好きなの？」。おっとこれは大変。私は見て見ぬ振りをして自分の化粧台前に座り、音を立てないようにして化粧を始める。こっちがいたたまれない雰囲気で一日が始まるわけだ。まぁ若気の至りは誰にでもあるから仕方がないが。

この劇場は客層も歌舞伎町ならではといった感じであった。一、二回目の夕方一九時頃まではストリップファン。三回目は酔客、二二時以降は中国などからの外国人団体客。回を重ねるごとに日本人がいなくなっていく。踊り子が「話しかけても知らん顔されるからシカトされたと思って腹立ったけど、あれ日本人じゃなかったわ」と言ってステージを降りてくる。一気にドカドカと入ってきて満員状態となるが、一時間ほどで一気に引いていく。ラストの午前〇時頃には五、六名しか残っていない、なんてことも当時はあった。

シロウト時代

バブル崩壊後も持ち堪えていたが、一九九四年（平成六年）になると、劇場経営にもひずみが出てきた。当時、ストリップ劇場に出演する踊り子たちのギャラは上がっていったのだが、お客の入りは減少しつつあった。

そんなとき、踊り子の人件費を抑えようと生み出されたのが、「ＤＸ歌舞伎町」という劇場が始めた「素人娘のアルバイト生ステージ」である。この企画は京都や大阪ではすでに行なわれていた。カメラ・ビデオの撮影が自由にできる。舞台上はお立ち台と化して仮面を付けた女の子がただディスコダンスのように踊って、全裸になっていく、というものだった。「これもアリか！」とこの企画には関係者一同度肝を抜かれた。結果的には、大成功を収め、場内は満員となった。そしてこの素人大会は定着していった。

この頃、世間ではバブル崩壊で路頭に迷う者も増え、新宿西口地下はホームレスの溜まり場となった。終電後、彼らは段ボールとビニールシートを巧みに組み合わせて〝マイハウス〟を作る(段ボールを敷いただけの人もいたが)。西口広場や西口から東口に向かう地下歩道にはそれがびっしりと並び、ムッとした匂いが漂った。その光景が西口の日常となっていった。

また一方では、性風俗産業は気楽にできて高収入である、というイメージが女の子たちに定着し、日本初となる女性向け風俗求人誌『てぃんくる』が創刊された。ソープランド・ヘルス・イメクラ・SMクラブ・ストリップ劇場など、あらゆる業態からの求人情報が掲載されていた。

その頃から自縛ショーをやる踊り子たちの仕事が激減した。ギャラが上がったこともあるだろうし、ショーのあとの舞台掃除が大変で嫌がられていたこともあった。一人でやる自縛ショーではすでに限界がきていたのだろう。結果的に踊り子たちは、演目を変えさせられたり、ギャラを下げられたりした。辞めていく人もいた。私もギャラダウンし、出演劇場が減った一人である。それでも私は「自縛」という演目にこだわっていた。いくら生活がかかっているといっても、自分の表現を妥協したくなかった。

そんなときに新しい演目が登場した。一九九六年(平成八年)の「女王様調教ショー」。SMクラブで働いている女王様が登場し、お客を舞台へ上げ、舞台上で調教プレイをするというもの。これはたちまち人気の演目となった。「そんなお客いるの?」とお思いだろうが、普段よく見かけていた常連のお客さんたちが舞台に上がっているのを何度も目撃した。「そうか。この人マゾ癖だったのか」。そんな発見をしたのがこのときであった。そして「あ、早乙女さんにバレちゃったね。僕、本当はこっちなんだ」と話しかけられたりもした。皆、性癖に関しては苦労があるのだと悟った。

〝女王様ブーム〟になったのにはマゾ癖のあるお客が多かったということだけではなくもう一つ理由があった。それは女王様となる彼女たちのコミュニケーション力の高さである。それまでの踊り子はあくまでも「芸人」としてお客に接してきた。〝舞台の上の人〟と〝お客〟という関係だ。そこでは立場がはっきりしている。しかし女王様にとって〝お客様はお客様〟。プレイするにしてもお互いのコミュニケーションを大切にする。それが長くお客を自分の懐に入れる秘訣だった。

そして一九九七年(平成九年)。ＤＸ歌舞伎町はついに「オール素人大会」を始めた。これにより素人娘の数が足りなくなるという現象が起きた。いくら仮面を被っていても、いつも同じ子では飽きられてしまう。常に新しいバイトを供給していかなければならない。そこでなんと、顔があまり売れていない新人の踊り子まで出演させるというおかしな事態に発展していた。素人ブーム恐るべし。

この頃、長続きせず、一、二年で辞める踊り子が増えてきた。チヤホヤされてデビューしてみたが、顔を売るため休みももらえない楽屋生活が続くことで、次第にストリップ業界の大変さがわかってくるのだろう。楽屋マナー、踊りのレッスン、衣装のこと(デビュー以降は自前で揃える)、ファンとの接し方……。「こんな面倒くさいところにいるよりは、フーゾクでバイトした方がラク!」。そう感じる女の子たちが増えてきたわけだ。

5 非合法化の流れのなかで

地下へ潜る性風俗

一九九九年（平成一一年）、風営法が改正された。無店舗の派遣型風俗も届出制となり、ピンクチラシやポスターが禁止された。歌舞伎町の風俗産業は派遣型が多かったため、ダメージは大きかった。ストリップ劇場も立て看板（ステ看）が出せなくなり集客に響いた。これによりゴールデン街入口の「新宿ニューアート」は度々目を付けられ、営業停止や再開を繰り返すようになった。

二〇〇〇年（平成一二年）には「ぼったくり防止条例」が施行された。もはや歌舞伎町は日本人組織だけでなく、外国人マフィアも闊歩する街になっていた。

元〝青線地帯〟のゴールデン街は、バブル期にはすべて地上げ屋が手に入れ、高層ビルを建てる計画だったが、地元の反対運動にあって、計画が頓挫したまま虫食い状態となっていた。しかしこの頃からようやく期限付きで物件が出てくるようになり、灯の乏しいゴールデン街に新しい店が相次いで開店した。誰もが参入しやすい賃料であったため、若いオーナーの店が増えたのである。AVギャルでストリップデビューした中村京子嬢や田代葉子嬢らもここに店舗を構えた。

二〇〇一年九月、歌舞伎町雑居ビルで火災が発生し、四四名の焼死者が出た。雑居ビルの管理のずさんさだけでなく、隠れてハードなサービスをしていたキャバクラの存在も発覚したことで、歌舞伎町の違法店舗の実態に注目が集まった。新宿で唯一〝本番マナ板〟が黙認されていた「OS劇場」が閉館したのもこの頃である。そしてOS劇場があった辺り一帯が更地となり、ビル建設が始まる。

その頃、北海道札幌市では、渋谷にあった「道頓堀劇場」が再建されて成功していた。そしてその勢いで元の地である東京・渋谷にも再び「渋谷道頓堀劇場」が蘇っていた。だがこの時点でストリップ業界は、悪循環にはまっていた。それでも何とか〝魅せるストリップ〟を蘇らせてほしいと、渋谷道頓堀劇場の再生には業界全体の期待がかかっていた。

そんな中の二〇〇三年（平成一五年）、出入国管理法違反で全国のストリップ劇場二四館が摘発され、六八名が逮捕された。これは業界にとって大きな痛手であった。都内では外国人を使っているところはほとんどなくなっていたが、地方ではサービスの良い外国人がまだまだ重宝されていた。彼女らは「お金を稼ぎに来ている」と割りきっていたからである。しかしこの事件でいよいよストリップ劇場は窮地に追い込まれていく。

風俗店では、未成年の少女が多く働いている事実が浮きぼりになった。若くて安く使える。しかもお客がつく。三拍子揃った彼女らは〝組織〟の資金源となっていたのである。一〇代の女子たちは、数万円のちょっとしたお小遣い欲しさに性を売るようになった。私はこのこと自体は悪いことだと思わない。私も一〇代から働き出した身だ。しかし懸念するのは、その金額があまりに安いということだ。二度とない一〇代の時間をこんなに安く売ってしまっていいのだろうかと思った。性産業がお手軽になっていくと同時に、人の価値までが軽くなってしまったかのようだ。

新宿の街では組織による女の子のスカウト合戦のほかにもトルエンや合成麻薬の密売、賭博などが行なわれていた。「暴力団新法」はできたものの、そうした違法行為は新宿の地下へ潜って脈々と続いていた。そうした風俗店への女の子のスカウトのために昼間、表に立つのは、見た目は大学生っぽい二〇代前半の男性だった。歌舞伎町では夜ともなれば、外国人が客引きに出ている。新宿はなんとも歩きにくい街になっていた。

その後も歌舞伎町ではトラブルが続出していた。二〇〇四年(平成一六年)、バカラ賭博店が次々と摘発された。また、「東京都改正青少年健全育成条例」により、スカウト行為やブルセラショップでの下着の売買が規制されていく。

ブルセラの売買自体は昔からあった。女性の下着を欲するのは性癖の一つで、人知れずひっそり集めてひっそりと売る物であったが、各店舗が堂々と競い合うようにして、未成年のモデルを使い、何でもかんでも売り始めたのだ。下着類や制服はもちろんのこと、生写真付き生撮りビデオ、アンダーヘアー、唾液。明らかにいきすぎだった。買い手がいたからこそこうなっていったのだろうが……。

二〇〇五年(平成一七年)。東京都迷惑防止条例の施行によって歌舞伎町では客引きやスカウトなどの行為で七名が逮捕された。そして新宿路上喫煙全面禁止。人がごった返す中での歩き煙草の被害はたしかに多かった。

ＳＭの再来

この年、ＳＭ大会が蘇った。企画は川上譲治氏。川上氏はストリップ業界から去ってもここぞというときに戻ってくる。やはり根本的にストリップ業界が好きなのだろう。以前、川上氏は次のように語っていた。

「興行というのは面白い。だから何度もやってみたくなるのだけれど、企画を新しく考えても若い男性客が増えない。裾野を広げたいとこっちは狙っているのにお客さんは常に中年層以上なんだ。もう若い男性に裸は必要ないんじゃないかな」

さらにモダンアート時代のように若手の踊り子を育てようにも、板(舞台)の上で何かをやっていこうという子がいない。育てようと必死になっても、感じ取ってくれない。徒労だ、と落胆していた。その川上氏が沈黙を破り、二〇〇五年、「ＤＸ歌舞伎町」で再スタートしたのだ。当初はまだ〝全員ＳＭ〟ではなく、アイドルたちの中に三組だけＳＭが混ざるという形式であった。ＤＸ歌舞伎町は、「ＴＳミュージック」より舞台が広く、使い勝手も良かった。この助走を経て本格的にＳＭ大会が始まったのは翌年、二〇〇六年(平成一八年)からだ。

川上氏は「ショーアップ大宮劇場」でもＳＭ大会を引き継いで興行していたが、ラインナップでは常に業界の常識を壊し、独自で新しいものを生み出していった。全国のＳＭクラブを訪問し、出演してくれる女王様やチームを探す。一〇日単位が決まりの出演交渉も、一〇日がダメなら五日、いや一日でも良いと、交渉を重ねていく。さぞ苦労があったことだろう。そのような交渉が実を結び、これまでにない斬新な出演者によるＳＭ大会が行なわれた。日替わりでさまざまな女王様が出演する。日替わりの出演者が増えれば「あの人も観たい、この人も観たい」と、二度三度とお客が劇場に足を運んでくれる。このようにして贅沢なＳＭ大会が大宮で生まれた。上演時間も変則的で、一日二回の興行。入場料も七〇〇〇円から一万円（特別興行）となった。

しかし長い目で見ればこの企画は「素人大会」の延長線上にあった。川上氏が手を引いた後もＳＭ大会は年二回行なわれた。ギャラが安くても出演したいというＳＭクラブ嬢たちが増え、そんな彼女たちは劇場に重宝された。彼女たちは自分のハレの姿を見せるため、お客を劇場に呼んでくるのである。一石二鳥とばかりに劇場側は喜んで出演させたが、その分〝自縛〟の踊り子たちの出番はどんどんなくなっていった。楽屋マナーもなくなった。なかには気遣いの女王様もいて丁寧に挨拶をする人もいたが、台風のような目まぐるしさで楽屋はいつもザワザワしていた。

二〇〇九年（平成二一年）、夕刊紙『内外タイムス』が一時的に風俗関連の記事と広告をやめた。これには大きな痛手をくらったストリップ業界。ストリップ劇場の広告はこの『内外タイムス』にほぼ頼っていたからだ。他の夕刊紙はストリップ劇場の広告は三行広告扱いだが、『内外タイムス』はしっかり枠をとってくれるし、ライターも取材をしてくれていた。『内外タイムス』自体、ノーマルなタイプの夕刊紙ではなかったが（風俗記事七割、残りはスポーツ、競馬）、唯一の宣伝方法であったため、このことで劇場側は集客にかなりの危機感を抱き始めた。

「DX歌舞伎町」のSM大会は、年二回のペースで続いていた。このSM大会を機に持ち込み企画の「レズビアン大会」や「ホモ大会」まで登場していた。私も一〇日のうちの一日だけイレギュラーでSM大会には出演していたが、だんだんとしんどくなってきた。なにしろ、一日だけの出演とはいえ、毎回新作を披露しなければ気がすまない私にとっては一日分のギャラ以上に経費がかかってしまう。自分の演《や》りたいことは全裸でなくとも成立するのに、やはりストリップ劇場である以上は最低条件として全裸にもならなければならない。

二〇一一年（平成二三年）、私はストリップ劇場を去った。

さらば新宿歌舞伎町

知り合いの後輩たちからそれ以降の劇場の状況を聞いてきたが、いい話は一つもなかった。ストリップ劇場は次々と閉鎖していき、踊り子が余る状態だったという。実力がついてきたデビュー一〇年くらいの踊り子からは、自分の思っている舞台が作れないという悩みを聞いた。しかし今の劇場には相談できる先輩がいないと言い、自分の道を探していた。

「TSミュージック劇場」は、大家側との間にさまざまな行き違いが生じて、法廷にて存続問題が争われた。これに対しTSファンたちは署名運動をしてエールを送っていたが（私ももちろん署名した）、二〇一七年（平成二九年）一月末をもってTSミュージック劇場が退去することで和解が成立した。新宿のストリップ劇場はこれで「DX歌舞伎町」と「新宿ニューアート」の二館だけになった（二〇一九年当時。その後「DX歌舞伎町」は閉館。「新宿ニューアート」は休館）。

本書の企画が決まり、再び新宿を訪れた二〇一五年（平成二七年）、「コマ劇場」が取り壊された跡地には、高層の「新宿東宝ビル」が建っていた。ホテルや映画館・劇場などが入っており、東宝シンボルの「ゴジラ」の頭部がビルを見守っている。歌舞伎町の古い映画館群もいずれ取り壊され、高層ビルになるだろう。

そして二〇二四年（令和六年）。久しぶりに歌舞伎町に行ったが、まるで無法地帯だ。「トー横」と呼ばれる歌舞伎町中央は、外国人、日本の若い男女であふれ返っていた。深夜四時。路上はゴミだらけ。道端でたおれるように寝ている者多数。ここはどこの国だ？

こんなにも歴然と時代を映す街がほかにあるだろうか。

今はもう新宿に興味がなくなってしまったが、青春期の思い出とともに、あの頃の新宿は、私の心に残り続ける。私を育ててくれた街、新宿。ありがとう。

新宿ゴールデン街

キャッシングなら
アイフル
成船橋駅
KEISEI FUNABASHI STA

第三章 船橋

1 大戦景気と大震災

住宅街ど真ん中のストリップ劇場

千葉県第二位の人口を誇る船橋市。だが私が踊り子にならなかったら、この地に降り立つことはなかっただろう。子どもの頃にテレビコマーシャルで耳にした「船橋ヘルスセンターァ」というフレーズしか、この街に関する情報が私にはなかったくらいだ。JR・京成線・地下鉄と交通網は発達しているものの私はこの地に惹きつけられるものを感じなかった。

一九八七年（昭和六二年）、私は初めてJR船橋駅に降りた。「船橋若松劇場」に出演するためだ。大きなデパートが立ち並ぶ南口。そこに突然、濁声が響いて驚いた。競馬場へ向かう乗り合いタクシーの勧誘の声だった。そのすぐ近くでは、背の丸くなったおばちゃんが木の板を段ボールの上に置いてアサリを売っていた。なんとも不思議な光景である。

そんな船橋駅前から劇場をめざして歩く。細い路地を入っていくと住宅街となった。大きな旧家、新築の立派な家もあれば、古びた木造アパートもある。えっ、私ストリップ劇場へ行くんだよね？――。こんな住宅街に劇場があるとは思えなかった。南口から歩くこと一五分、小さな飲み屋をいくつか越えると突然「若松劇場」の看板が現れた。木造の建物。ここだけ異空間だ。一般市民から毛嫌いされるストリップ劇場が、なぜこんな住宅街の真ん中にあるのだろう。しかもその隣の建物には、黄色のハデな看板に「ソープランド」の文字がくっきりと浮かんでいる。何だここは……。劇場そのものよりもこの土地への興味が湧き上がった。

街と遊廓

現在の船橋駅南口から少し行ったところにある本町通りは、江戸時代には成田街道と呼ばれてい

遊廓だった「吾妻屋」の建物

た。成田山新勝寺《なりたさんしんしょうじ》へと続く大きな旅籠《はたご》通りだ。九日市《ここのかいち》村と呼ばれたこの地域は、東京湾の一番端という場所柄から江戸を支えるさまざまな物資の供給地として賑わっていた。漁業や農業とともに幕府公認の公娼街としても栄えていたという。

公娼制度がなくなった明治維新後もその実態は変わらなかったが、大正期の第一次世界大戦景気で街は大きく変化したという。続々と住宅が建って街が東西にも広がり始め、農地は商業地へと変わっていったのだ。一九一九年(大正八年)には中山競馬場が移転してきた。

次に街が変化したきっかけは一九二三年(大正一二年)の関東大震災だった。この惨事を受けて、東京の娼妓業者が船橋の〝私娼窟〟にも流れてきたのだ。こうなると当然黙っていられないのが警察。移転地を用意した上で、「一九二八年(昭和三年)一月までに本町通りから撤退せよ」とのお達しを出した。

この目抜き通りからの移転地というのが現在の本町二丁目辺り、若松劇場付近の「新地」という場所だった。本町通りと国道一四号線に挟まれた、港に近い一角である。しかしこの地へ移転したのは東京からきた業者だけであった。地元船橋の貸座敷業者は移転せずに廃業を選んだという。理由はわからないが、こうして地元の遊廓や旅籠屋は約二五〇年のその歴史に幕を下ろしたのだった。昭和以降は東京の業者が商売を続けた。

一九四五年(昭和二〇年)の敗戦後、船橋は闇市の一大拠点となり〝日本の上海〟と呼ばれた。ここ新地赤線地帯も賑わい、船橋市が制作した『昭和二八年度版市勢要覧』には次のように書かれている。

「船橋名所の一つとして、不夜城を誇る新地の夜景は、イルミネーションが輝き光燈入り乱れ、百華花を競う光景はまた別天地である。昔は宮本町の大神宮下から通称山口横町までの旧国道に沿うてあったが昭和の始め、この地に移り、特殊な雰囲気を有する街を構成し、飲食店が立ち並ぶ威容は他の都市に見ることができぬ光景である」

一方、新しいレクリエーションの場として、船橋港を中心とした娯楽施設が建設された。一九五〇年(昭和二五年)には船橋競馬場とオートレース場が、一九五五年(昭和三〇年)には船橋ヘルスセンターがオープンした。

一九五六年(昭和三一年)には東京湾域の大規模な埋め立てが始まった。現・京葉道路以南の日の出・栄町・西浦はほとんど埋め立てによってできた街だ。この頃から漁師たちは少しずつ減少し始めた。

一九五八年(昭和三三年)、そんなときに施行されたのが「売春防止法」だった。これを受けて関東大震災以後東京の業者が続けていた七二軒の貸座敷(遊廓)業者が入っていた赤線の〝新地〟は閉鎖された。しかしどこの街でもそうであったように、小さなスナックが貸した二階部屋で売春は続いていた。新地は三田浜飲み屋街「白百合会《しらゆり》」となって残った。また、この頃、現在の京成船橋駅周辺には街娼が現れ始めていた。

私が船橋を初めて訪れたとき、白百合会は数軒だけ営業を続けていた。長屋式で一店舗につき三坪ほどの広さだろうか。どの店にも二階があり、当時は〝チョンの間〟として使われていたことが容易に想像できる。

さらに、この付近には木賃宿もあり、異質な気配を漂わせていた。青線地帯跡にできた新宿ゴールデン街とは違い、もっと陰に隠れた印象を受ける。ここがかつてはネオンがまぶしい街だったとはにわかには信じがたい。

その近くにはまた、ひときわ目立つ由緒ありげな建物が建っていた。赤線時代から唯一残る貸座敷屋「吾妻家《あづま》」である。入口はトタンで囲われ、廃屋と化しているものの、木造二階建ての立派な佇まいで、格子の入った丸窓もある。赤線廃止後はアパートとして貸し出されていたそうだ。この建物を見るだけでも赤線時代の華やかさを感じ取ることができたのだが、二〇〇九年（平成二一年）に焼失してしまった。

2　もっともハードな劇場

ストリップ誕生

一九六一年（昭和三六年）、新地の芝居小屋「若松劇場」がストリップ劇場になった。なぜストリップに鞍替えしたのかについて知りたかったが、情報は何もなかった。新地周辺の記録はほとんど残っていないのだ。浅草や新宿がそうであったように、芝居では経営が成り立たなくなったのだろうか。女剣劇すら廃れてきた頃だ。当時は、東京湾の水質が悪化したことで漁業権の放棄が相次ぎ、人の流れも変わり始めていた。そのことも原因のひとつと思われる。

芝居小屋から鞍替えした若松劇場は千葉県初のストリップ劇場だった。しかしそのことは一般にはほとんど知られておらず、取材した記者や写真家などもあまりいない。したがって記録もほとんどない。あるいは警察に目を付けられないように、もともと派手な宣伝は控えていたのかもしれない。ただ、往年のストリップファンが、

「若松劇場は関東圏では有名な劇場だった。一番初めに関西のトクダシをやったところだし、内容もハードだった」

と語るように、ハードさに惹かれたお客が近県から詰めかけていたのはたしかなようだ。ちょうど東京の劇場では、〝全スト〟を取り入れては即摘発のイタチごっこが始まっていた頃。若松劇場が成功を収めたことで、船橋ではストリップ劇場が数を増やしていった。

一九六五年(昭和四〇年)七月、「淀君」が開館した。場所は船橋駅南口から徒歩七分、若松劇場へ向かう住宅街の入口付近にあたる。また、西船橋駅近くの西船四丁目には「大宝」という劇場があった。開館時期はわからないが、一九六五年の一二月には「ピンク映画女優ストリップ初」と銘打った広告が出ている。さらに一九六九年(昭和四四年)四月、船橋港付近の日の出町フナショク工場前に「仮設ストリップ劇場」が開館している。「仮設」ということは、見世物小屋のようなものだったのだろうか。六月には「西船ミュージック」が開館。住所は西船四丁目。「大宝」の近くだった。

また同じ年の六月、「淀君」が改装され「千成ミュージック」となっている。おそらくは警察の手入れがあったのだろう。「改装のため休業」と貼り紙をして一時的に閉館するのはこの業界ではよくあることで、「休業」「一時閉館」とは実際には警察の手入れ後の営業停止期間なのである。もちろんグレードアップのため本当に改装することもある。

この年、若松劇場では「全国ゲスト大会」と称した演し物が行なわれている。宣伝物には「外人ヌード・アンリーリカ」という踊り子の名がある。入場料は四〇〇円。この〝外人〟は果たして本物かどうか……。

一九六七年（昭和四二年）には〝お座敷ストリップ〟が流行した。温泉地のお座敷で、出張ストリップショーが見られるのだ。

レスビアンショー登場

一九七一年（昭和四六年）一月、西船四丁目とは反対の海側、海神南一丁目に「西船ＯＳ劇場」が開館した。また同じ年の一〇月には、大宝で「外人レス＆オールレスビアン大会」が開催された。

この頃、関西で流行り出していたのが〝レスビアンショー〟（ストリップではなぜか「レズビアン」ではなく「レスビアン」と呼ぶ）。それが関東へ上陸した。男性にとっては一度に二人の女の丸出し下半身が見られるということで、喜びのボルテージは上がるだろう。まだまだ同性愛が空想のように扱われていた時代、実際の女同士のカラミは見応え充分であっただろう。レスビアンショーの流行を受けてか、一九七二年にはレズビアン機関誌『若草の会』が発刊された。ちなみに、ゲイ雑誌『薔薇族』はその前年の発刊だ。

一九七三年（昭和四八年）一月、大宝は「黒人ヌード・ヘレン・ハリス」「天狗レス大宝玉菊＆大宝真由美」という二枚看板の正月興行を行なった。ストリップ劇場の正月興行は劇場専属の踊り子が一堂に会す。新調した豪華衣装に振る舞い酒、舞台には正月飾りも施され、お客も踊り子も皆で年明けを祝う。そして踊り子にとっては、初演目でお客の反応をリサーチする日でもある。大宝のこのときの日本人二人も初演目として〝天狗レス〟を試みたのではないか。器具（天狗のお面だろう）を使った

木更津別世界劇場会館

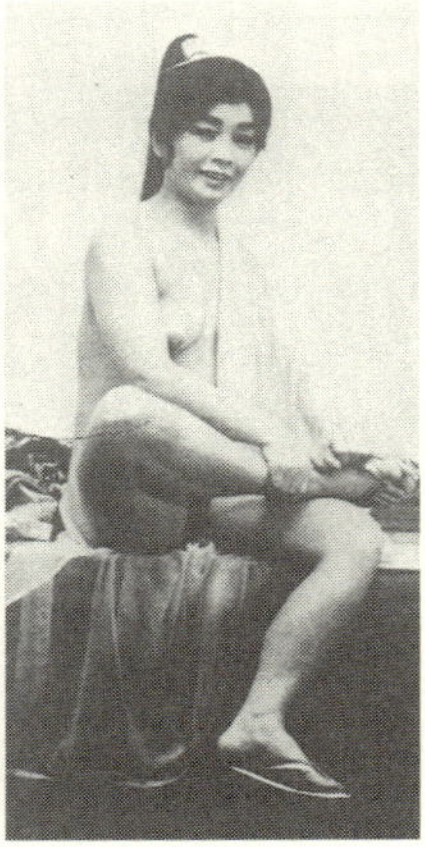
桐かおる

レスビアンショーはまだ珍しい時代であった。

七月、若松劇場が「桐かおる・4人Wレスビアン」を開催。〃日本一のレスビアンショー〃と言われ人気を博した桐かおる❖嬢が若松劇場へ登場した。相方は春日トミ嬢。演目もカーセックス風から殿様と姫など幅広く演じられ、衣装も豪華絢爛、本物のレズビアンのタチである桐の迫力あふれるステージは観る者を釘付けにした。俳優・小沢昭一は桐かおる嬢の愛撫術を次のように記した。

「或る時は精緻に、或る時は粗暴に、桐氏の肉体の、およそ可動なる部分のすべてを動員して、巧妙に攻める、攻める」（『私のための芸能史』）

しかも彼女は勘が良かったようで、演技指導も演出も全て自分で工夫していた。小沢昭一による桐かおるへのインタビューの中で桐のこんな言葉を見つけた。

「舞台なんじゃから、本当に気分出したって、客には本当に見えん。客が本当だと思う形をしている時は、ツボははずれとるんやから」

これぞまさにストリップ芸の真髄をついた言葉だと私は思った。

男と女がベッドでの秘めごとで本当に高揚しているとき、女の身体は弓なりにのけ反るだろう

❖桐かおる…（きり・かおる）　一九三五―九八年。福岡県生まれ。レスビアンショーの元祖。

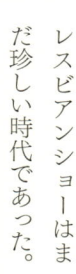

か。指先、足先までピーンと張っているだろうか。表情は本当に美しいだろうか。いや、真実の姿はそんなものではない。もっと力が抜けていて、部分だけに意識が集中している。それは他人が見て絵になる姿ではない。そもそも見せるものではないのだ。

舞台上でたとえ本当に〝達した〟としても、それはただ寝転がっているだけにしか見えないだろう。だからこそストリップでは、「目に見える形」を作る必要がある。声を出し表情を作る、体を反らす、手先足先に力を入れる、達したあとはすべての力を抜き息を荒げる——。

桐かおる嬢はこうした違いを見抜いていた。そして受ける側にもそれを教え、攻めのテクニックを磨いていったのだろう。この探究心がなければ〝日本一〟とは言われなかったはずだ。そして一九七四年(昭和四九年)六月には、自身でストリップ劇場「木更津《きさらづ》別世界劇場」(入場料二〇〇〇円)を開館させている。

千葉県で広がるストリップ劇場

船橋市でのストリップ合戦に刺激されたのか、千葉市栄町周辺でもストリップ劇場が増え始めた。千葉駅に近いこの辺りはもともと千葉県屈指の繁華街で風俗店街であった。

一九六九年(昭和四四年)には「蘇州劇場」「さかえ座(のち「ニューさかえ」)」が道を挟んだ向かい同士にあった。一九七四年(昭和四九年)四月には「千葉ロマンス座」が、五月には「栄ロマンス座」が開館している。さらに「別世界」という劇場もあり、繁華街の狭い一角に五館のストリップ劇場がひしめき合っていた。しかしここはやはり「芸」の街ではなく風俗の街だった。エスカレートしていくのは裸の見せ方ばかりであり、「芸」に熱心でない踊り子が目立つ劇場もあった。

獣姦ショー

一九七五年（昭和五〇年）五月、船橋の「千成ミュージック」がまた改称し、今度は「船橋キング劇場」となった。そして一〇月に「初公開！　衝撃の獣姦《じゅうかん》ショー」を開催した。

〝獣姦ショー〟に使われる動物は犬が一番多かったが、広い楽屋がある劇場では馬のポニーを使っているところもあった。おそらくほかにもいろいろな動物が試されたことだろう。私がデビューして間もない頃にも犬とステージに出ている踊り子がいた。楽屋で犬の異様な姿を見て切なくなったのを覚えている。一日に四回も発情させられる犬。よく「猿のように」などと例えられるが、やはり感覚が狂ってくるらしい。年がら年中「ハァハァ」と息を荒げ、下半身を赤く腫らして「クゥーン」とおねだりするのだ。そんな犬を見ておねえさんは言い聞かせる。

「あら、またしたいの。コシコシして欲しいの。でもガマンしなさい。あとでしてあげるから」

その言葉が通じているのかいないのか、犬は二本足で立ち上がっておねえさんにしがみつき、腰を動かす。あまりに鳴きやまないときは、仕方なくその場で「コシコシ」してやる。すると犬はホッとしたようにおとなしく横になるのだった。欲を満たすためにどんなものでも変容させてしまう人間の残酷さ。もちろん私の中にだってあるはずだ。このときばかりはいろいろと考えてしまった。

菩薩の姿と言われた一条さゆり

桐かおる氏の経営する「木更津別世界劇場」に、一条さゆりが応援のためステージに立ったのは一九七五年一二月のことだった。

〝トクダシ〟以降のトップスター、一条さゆり。サービス精神旺盛で、その人生は波乱万丈であった。公然猥褻罪で検挙されること九回。裁判では執行猶予付きの判決が出るが、その執行猶予期間中にまた検挙されてしまう。そんな一条に熱烈な視線を送ったのは、作家・駒田信二❖だった。小説『一条さゆりの性の深淵』を皮切りに一条さゆりのことだけをテーマに著作を重ねていき、ストリップファン以外にもその名を知られるようになった。

その伝説のステージは独り芝居風だった。一人の立ち回りのあと、激しく悶絶《もんぜつ》する〝ベットショー〟へと続く（ストリップでは「ベッド」のことを「ベット」という）。絶頂前には束ねた蝋燭《ろうそく》に火をつけ、乳房めがけて蝋涙《ろうるい》を垂らし続けたという。前述の小沢昭一の本にその様子が書かれている。

「髪ふりみだし、汗にまみれ、叫び声を、或は高く或は低く、或は長く或は短く……。そして一声、山鳥の尾のしだり尾の、長く激しく引っぱった後、一点、フッと息が絶え、錯乱はコロッと停止した。悶絶したのである。長い間、（中略）やがて、……この「やがて」のタイミングも客の生理にピタッと合っていたが、静かに立上がると、フッと吐息をついて、片手でうなじの髪をなおすしぐさがニクイ」

かぶりつきで観ているお客たちの姿が想い浮かぶ。ラストのオープンショーも一人ひとりにしっかり見せるように回る。その〝カンノンサマ〟（女性器のことを「カンノンサマ」と呼ぶ。拝んで見せていただくありがたいものだから）にはキラリと光る一筋の、女性のソレが流れていたという。この〝キラリ〟が本物かニセ物かについて話題になったようだ

❖**駒田信二**…（こまだ・しんじ）一九一四—九四年。大阪府生まれ。作家、文芸評論家、中国文学者。

が、もちろんそんなことはどうでもいい。それは一条さゆりが作り上げた「芸」の一つなのだ。だからこそ人びとは感激し、その名が一般の人たちにも伝わったのだと思う。

その一条さゆりが、同時期に活躍した桐かおるのために木更津にやってきた。一条はその三年前にすでにストリッパーを引退していた。そのため木更津別世界劇場では歌謡ショーのような形式をとっていたようだが、裸にならずとも、心のこもった一条の言葉とステージにお客は拍手喝采を送った。

マナ板ホンバンショー

一九七七年(昭和五二年)八月、西船OS劇場が「ヌード太平洋戦争」と題し、日本人二五人とそのほか一〇カ国から外国人一〇人の踊り子を揃えた。入場料五〇〇〇円。世は〝じゃぱゆきさん〟時代である。この企画がヒットしたのか、一二月には「世界一ヌード決定戦」と題して、今度は日本人三十数人と外国人八人が登場。入場料六〇〇〇円。舞台に三人、四人と同時に登場して、あちこちでベットショーなどが行なわれたという。さぞかし見応えがあったことだろう。

この年、船橋駅北口には東武百貨店がオープンした。駅の南北にできたデパート同士が張り合い、船橋の街の空気が変わろうとしていた。

一九七八年(昭和五三年)三月には、キング劇場から名称が変わった「船橋ハリウッド劇場」が〝生板ホンバン〟の広告を打った。「関西マル本生板NO1ピンクレディー」と。翌年一一月には若松劇場が「生板NO1ラモーナ・カンナ」という演目を打ち出す。記録にあるのはこの二つのみだが、ハードさではナンバーワンと言われた船橋であるから、実際には〝ホンバン〟はもっと多くの劇場で行なわれていたと推測される。警察の目を恐れて宣伝活動は控えていたのだろう。

ラモーナ・カンナ嬢は、私がデビューしたときにも踊り子として活躍していた。面倒見が良く、情の深い、温かいねえさんで、ファンもたくさんいた。

あるとき若松劇場で私はあるねえさんの本番ショーを覗き見した。一曲踊り終わると踊り子は「ベット着」というネグリジェ風の衣装に着替える。その間にマイクで、

「はい、次はマナ板ショーです。ご希望のお客様はいらっしゃいませんかぁ！」

と舞台へ上がる人を募る。一人だけが手を上げることもあれば、五、六人が「ハイ！　ハイ！」と立ち上がることもある。希望者が複数いるときは皆でじゃんけんだ。従業員がマイクで仕切り「はい、ジャンケンポン！　あいこでしょ！」と真剣勝負。勝った一人は悠然と舞台へ上がり、負けたお客は拍手で勇者を見送る。ときには「お前後出ししたろ！」などとケンカが始まるほど、このじゃんけんには熱気が込もった。

舞台では当然、〝前戯〟もショーの一部である。踊り子の誘導でボディタッチが行なわれ、お客のズボンとパンツが脱がされる。このとき、布団に寝かせ、イチモツを紙おしぼりで拭いて手で愛撫するように見せかけて、ペニスチェックが行なわれる。お客の下着の汚れなどはまだましなほうだ。性病に罹っているのに平然と上がってくるお客もいるのである。別の劇場では、ステージ中の踊り子が血相を変えて楽屋に飛び込んできたことがある。そしてインターホンで従業員に向かって、

「今上がっている客、毛ジラミだぁ！　急いで降ろして布団とシーツ替えて！」

と叫んだ。自覚症状だってあるだろうに、「安くヤレる」ことしか頭にないのだろうか……。ペニスチェックを兼ねた前戯が終わると、正常位で挿入。舞台袖から見えるのは、ワイシャツ姿に靴下のお客のお尻。この滑稽な姿を初めて見たとき、私は衝撃を受けた。こうまでしてヤリたいものなのだろうか……。あまりのショックに私は男性不信に陥り、ストリップ劇場を早く辞めたいと思うようにさえなった。ここは異常な空間だと。

しかし数カ月もするとその男性不信もなくなり、楽屋内で〝マナ板〟の踊り子さんたちとお酒を酌み交わす機会が多くなっていった。

「今ラーメン取ったでしょ。匂いが舞台にきておなかすいちゃって、晩ごはん何食べよってずっと考えていたわよ」

「旦那とアレやるとき、気がついたら足をバァーッと開いて、つま先ピンと立てているのよ。イヤンなっちゃう！　職業病ね」

なんて面白おかしく話していたが、マナ板ショーをやる彼女たちの内面にはやはりある種の哀しさがあったように思われた。彼女たちが身体を張って〝マナ板〟を続ける理由でもっとも多かったのが子どもの養育費だ。二〇代でこの演目をこなす踊り子には「自分の家を建てる」「店を持つ」などの目標があることが多かった。そんな彼女たちがなぜ同じホンバンでもソープランドではなくストリップ劇場を選んでいるかというと、精神的負担が少ないからである。

ストリップ劇場では踊り子一人の持ち時間が決まっている。マナ板なら三五分前後。この時間内にダンスとオープンショーが入る。そして前戯などの見せ場を考えると、実質の挿入時間は五分弱程度だ。お客がイこうがイクまいが、この五分で終わりである。しかもお客に対して踊り子が優位な立場にある。傍若無人なお客には罵倒しても許されるのだ。ソープランドではもちろんそうはいかない。六〇分なら六〇分、全身全霊でお客様に尽くしてナンボの世界である。

ステージに憧れてこの世界に入ったが、時代の流れで演目を変えざるを得ない踊り子もいただろう。

もう一つ、〝ホンバン〟を行なう演目に「白黒ショー」というのがあった。男女ペアの〝ホンバンショー〟である。こちらはホンバンといえどもショーとして構成されているので、絡みながらも女性が美しく見えるポーズやアクロバティックなポーズがあり、決して生々しくはない。しかし白黒ショーは男のイチモツにかかっているから男のほうが大変だ。一日四ステージ、立派に勃起しなければショーは成立しない。どんなに惚れた女でも、毎日顔を突き合わせていれば愚痴も出るだろうし、言葉遣いも荒くなる。しかしたとえ喧嘩の最中であってもステージ時間が来れば勃起させなければならない。

小沢昭一のCDに『まいど……日本の放浪芸』というシリーズがある。そのなかに「オールA級特出トクダシ特別大興行」（ビクター）という、小沢氏が訪ねたストリップ劇場の楽屋の隠し録りの音声が収録されている。そこに白黒ショーのペアが登場していた。

おにいさんが楽屋にいる踊り子たちに笑いながら「最近、勃《た》ちが悪いんですわ」と話かけると、踊り子たちがひやかしながらもアドバイスするのだ。「ハチミツと生卵混ぜて飲みなよ」「いやぁ飲んでいるんですけどねぇ」「あ、だめだった？　これ効くの犬だけか」――。

取り締まりが厳しくなると白黒ショーはホンバンではなく器具を使って行なうようになった。

3 さまざまな人間模様

動乱のとき

一九八〇年(昭和五五年)から船橋の若松劇場は改称を重ねていく。「ニュー若松」「船橋ニューモダンアート」「船橋ニュー東洋劇場」と変わり、一九八二年(昭和五七年)には私もお世話になったオーナーが買い取り、元の「若松劇場」に戻り、この劇場名で落ち着いた。この度重なる改称の背景には手入れだけでなく、地権問題もあったようだ。ちなみに船橋ヘルスセンター跡に商業施設「ららぽーと」が完成したのは一九八一年であった。

一九八二年六月、船橋ハリウッド劇場では、「残酷獣姦　人間と山羊の狂宴ショー」が行なわれている。一九八五年(昭和六〇年)九月に、この船橋ハリウッド劇場も「DXハリウッド」と改称している。

一九八五年は新風営法の施行により、ストリップ劇場が大打撃を受けた年である。ここ船橋では〝ホンバン〟がメインだったので新宿以上の影響があっただろう。

ご近所との付き合い方

この頃から若松劇場に「店長」と呼ばれる豊島氏が入った。ストリップ劇場に似つかわしくないくらい明るく気さくな好人物だ。いつも入口でテケツ（チケット販売・もぎり）と電話応対をしている。

もともと豊島氏は焼肉屋を経営していたのだが、その店の常連だった劇場のオーナーから「ウチに来て接客の仕方を教えてやってくれ」と頼まれ、転職したのだという。さぞ勇気のいる決断だったことだろうと思ったが、実はそうでもなかったらしい。オーナーとよほどウマが合ったのだろう。

ストリップ劇場ではどこの劇場でも後ろめたさがあるためか、社長も従業員もお客に対して無愛想で、どこか侮蔑的な態度を取る。私は劇場の人たちのそうした対応に嫌気がさすこともあった。そういうとき、この商売はまっとうな商売じゃないのだな、とつくづく思った。

ところが豊島氏は、普通の商売と変わらずまず「挨拶」を重んじた。

「近所付き合いは大事です。挨拶はきちんとしますよ。まめに頭を下げて歩いて、お中元・お歳暮も忘れません」

結果的に住宅街の中にストリップ劇場が残ったのは、この豊島氏の誠実さがあったからかもしれない。

私がこの劇場に乗るようになると、オーナーからよく飲み会に誘われた。その飲み会では序盤こそ踊り子や従業員で劇場を盛り立てていくというような前向きな話をしているのだが、時間が経つにつれていつの間にか隣の席で飲んでいた劇場に全然関係ない人や近所の人などが加わって、わけのわからない大宴会になった。そんなことを繰り返していくうちに私も町内会の一員扱いされるようになった。

「あら、ヒロミちゃん、今週から？　頑張ってね」

と近所のおばちゃんやおじちゃんから声をかけられるようにもなった。ここまで町内会とフレンドリーな付き合いをしているストリップ劇場はどこの街にもなかった。

ご近所さんの中でも特別な存在だったのは、劇場の斜め向かいにある「大和」という食堂だった。ラーメンと定食の店である。一二、三人入れば満員の小さな店を、気さくなご夫婦が切り盛りしていた。中華メニューはもちろんのこと、焼き魚や煮魚、肉屋のようなボリュームのあるコロッケやとんかつなどの定食も美味しく、若松劇場の従業員も踊り子も皆が食べていた。すぐ目の前にあるにもかかわらず、踊り子は食べに行かずに出前をとる。明るく朗らかなママは嫌な顔ひとつせず、

「今日の昼だけでも一〇回は届けたかしら。店が混んでるとなかなか持っていけないから、食べに来てくれるとすぐなのにね」

と言って、お腹をすかしていることを心配してくれる。私もここの味の大ファンだった。

踊り子がファンサービスで、休憩の合間にお客とお茶を飲むことがある。大抵は喫茶店なのだが、ここの劇場の場合は「大和」へ行く。お茶ではなくビールやサワーで歓談するのだが、とても微笑ましい雰囲気である。そして劇場のお客も〝一時休憩〟は大和に行く。私は劇場の常連客と大和の常連客が八割方同じであることについて、不思議に思ってママに聞いた。

「始めはオーナーがよくみえて飲んでいって。それからウチのお客さんが若松へ行くようになっ

たの」

なんと話が逆だった。オーナーが大和の常連さんと飲み友達になり、その方たちが若松劇場へ来てくれるようになったというのである。大和が店じまいしたあと、そのまま店でオーナーや常連さんたちが飲んでいることもあった。閉店後も黙々とおつまみを作り続けているマスターが、時折、朴訥《ぼくとつ》な調子でママをベタ褒《ぼ》めする。その幸せそうな顔を見ると、この店がどうしてこんなに人気があるのかわかるような気がする。そんな大和あっての若松劇場と言っても過言ではないかもしれない。ご夫婦の温かい笑顔と心のこもった料理の味が今でも私の心に焼き付いている。

踊り子とお客の距離

取り締まりが厳しくなり〝マナ板〟ができなくなった頃、劇場では「個室」を作り始めた。ベニア板で仕切られた個室は、かつての「のぞき部屋」にあったような椅子が一つ置けるくらいの狭いスペースで、劇場の入口近くに一、二室設えられた。別料金で踊り子が手でナニしてくれる場所である。都内では個室を作った劇場は少なかったが、このシステムはほとんどの劇場が導入した。つまり、観るだけのストリップではもう集客できなくなっていたのだ。客が個室料金を三〇〇〇～四〇〇〇円払い、踊り子を指名して一緒に個室に入り、手でしてもらうのである。若松劇場は個室が盛んだった。オーナーは、

「アルバイトできない踊り子はウチはいらない」

と冗談まじりに言っていた。その頃のことを店長はこんな風に話した。

「ステージでホンバンできなくなってからもウチは個室がありましたからね。『愛のつかの間』や『愛の小部屋』と名前つけて。それは大盛況でした。今だから言えますけど儲かってましたよ。だからといって劇場の改装などにお金はかけなかった。内装も自分たちでやったり、ロビーにあるソファーも粗大ゴミで拾ってきたり。トイレットペーパーだって入口にひとつあるぐらいですから(笑)。そんなボロい劇場でもお客はギッシリですからね」

私は個室のアルバイトは全くやったことがないので踊り子にどのくらいバックされていたのかわからないが、日本人であれば恐らく折半だっただろう。個室の中ではステージのようなサービスはなく、一人一曲分(約四分)で回転させていたようだ。それでも一人の踊り子に対し、一ステージ終わるごとに一〇人くらいの客がついた。ステージが終了すると踊り子の姿は消え、なかなか楽屋に帰ってこなかった。楽屋に帰ってきた踊り子の口からグチがこぼれる。

「休む暇もないよ。お腹すいたなぁ。そんなときに限ってしつこい客でさぁ、一緒に気持ちよくなろう、なんて触ってくるからアタシ頭にきて、こっちは欲求不満でアルバイトしてるんじゃないんだから勘違いしないで、って怒鳴っちゃったわよ」

個室でも踊り子の立場が上なのは変わらなかった。それでもお客にとってはステージに上がっていた人に自分のムスコをなぐさめてもらえる特別なサービスである。気まぐれな踊り子にときには罵倒されることも含めて……。個室は繁盛していた。

この頃オーナーは、宣伝活動のためポスター貼りを欠かさなかった。しかしポスター貼りも違反行為であり、見つかれば罰せられる。そこで深夜から朝方までのわりと安全な時間帯に行なっていた。

「俺は若松のために一生懸命働いたんだ！」

というのが、飲み会の中でオーナーが必ず発する言葉だった。お客が来なければ、個室も繁盛するはずがない。たしかにオーナーの努力の賜物《たまもの》であった。

西船橋駅ホーム転落死事件

こうして踊り子とお客の距離感が縮まった頃、恐ろしい事件が起きた。一九八六年（昭和六一年）一月一四日、踊り子が西船橋駅のホームで酔っぱらいの男性にしつこく絡まれた。どうやら劇場のお客だったらしい。罵声を浴びせられたり、小突かれたり、コートを掴まれたりした踊り子は、振り切ろうとしてこの男性を突き飛ばした。すると男性はよろけて線路へ転落してしまった。周囲の人たちもびっくりして男性を引き上げようと手伝ったが、運悪く電車が入線。男性は轢《ひ》かれて亡くなった。

「ストリッパー」という職業が先に立ち、この事件は当時のマスコミを賑わせた。「自意識過剰である。客は踊り子の顔など覚えていない」といったような、踊り子を批難する論調であった。しかもこの男性の職業は高校の体育教諭だった。そうしたこともあって踊り子は世間から激しく叩かれた。しかし支援する人びともいた。今でいうセクシャルハラスメントの被害に対し、これを矮小化するのは職業差別だという観点から、女性の支援者たちが応援団を立ち上げ数万人の署名を集めた。

そうした動きもあったためか裁判では踊り子の正当防衛が認められ、約一年半後、無罪が確定した。私はこのおねえさんと会ったことがある。無罪が決まりホッとした様子で、これでゆっくり眠れると語っていた。しかしその男性の遺族に対する慰謝料や裁判費用を支払うため、これだけ騒がれた後もなお踊り子業を続けざるをえない状況だった。

元号が「平成」に変わった一九八九年。船橋周辺のストリップ劇場が続々と摘発された。九月五日には西船ＯＳ劇場とニュー大宝の二館同時の摘発で九人が逮捕され、八日には浦安で五人が逮捕された。マナ板ショーや個室での行為について知られていたのだろう。

千葉駅周辺の劇場がいつ閉館となったかは定かではない。しかし私が思うに、一九八五年（昭和六〇年）の「新風営法」の施行が境目だったのではないか。前に記したように千葉駅前の栄町は性風俗店のひしめく地域だ。お金のかかるストリップ劇場より、ソープランドなどの風俗店にしたほうが実入りがいいとオーナーが判断することは理にかなっている。また、一九九〇年（平成二年）施行の入国管理法の改正も一つの契機になったはずだ。外国人の踊り子が逮捕され、新たに雇うことも難しくなったからだ。マナ板でヤルことが目的になっていた千葉県のストリップ劇場は、このとき大きな痛手を負ったにちがいない。

若松劇場の従業員

ストリップ劇場の従業員は一人で何役もこなす。〝マイクパフォーマンス〟はその中でも重要な役割の一つだ。オープンショーのときに客席をうまく乗せて盛り上げたり、タイミングよく踊り子への拍手を促したり、お客が思わず舞台へ上がりたくなるように誘導したりする。ストリップ劇場の従業員は職を転々としていることが多いが、とくにパチンコ店の従業員経験者はマイクテクニックが身についているため重宝される。

オープンショーでは、

「ハイ、ラスト！　見て、見てぇ！」

「ハイ、バッチリとぉ！」

「さぁ、バックからぁ！」

と、テンポある曲の間に合いの手を入れる。若松劇場の個性的な従業員の中でも、マイクパフォーマンスが上手かったのがコメディアンのM氏だった。飲み会で私はM氏に、司会のテクニックを聞いた。

「声のトーン、高低が大切。ここを聴かせたい、期待感を持たせるにはサラッと言うのではなく、下から上に上げていくように、間を取りながらしゃべるんだ」

実演つきでの解説は、のちに役に立った。その他、オープンショーでは独自に言葉を作り、

「貴方の若松、私の若松、みんなの若松！　ソレッ！　ソレッ！」

と抑揚をつけてテンポアップし、手拍子を煽る。

そのM氏はよくこんな言葉をもらしていた。

「俺はオーナーに惚れているんだ。オーナーのために若松を守る。オーナーのためなら死んでもいい」

まるで何十年も前の芝居のような硬派なセリフだ。でも彼は常に真剣だった。

そんなある日、事件が起きた。些細なことからオーナーが街のヤクザさんと喧嘩になった。オーナーを守ろうと二人の間に立ったM氏は、その途端、背中を日本刀で斬りつけられてしまった。しかし斬りつけるといってもお互いに顔見知りだろうし、M氏はカタギである。本気で斬ろうとしたのではなく、脅しのつもりで振った刀にタイミング悪くM氏が当たってしまった、というのが本当のところだろう。しかしこの事件を境にM氏は若松劇場からいなくなってしまった。

若松劇場もアイドル小屋に

一九九〇年（平成二年）から、ストリップ業界はアイドル全盛期となる。若松劇場も〝アイドル小屋〟への仲間入りを考え始めていた。しかし問題はなんといっても建物が古くボロいことであった。ステージの広さは申し分なく、チームショーさえできるほどだが、浅草ロック座あたりの豪華なチームを呼んだところで、ショー栄えする設備がなかった。しかしそうかといって〝個室〟だけに頼っていては、やがて手入れにあうのは目に見えていた。そこでオーナーは劇場の改装に踏み切ることにした。ステージの床を張り替え、場末の雰囲気が漂っていた楽屋も綺麗にした。そして照明にはコンピューター制御ができる機材を導入した。

こうして若松劇場でもアイドルショーが開催された。一九九三年（平成五年）五月、「村上麗奈❖ショー」。今までに見たことがないほどの長蛇の列ができた。これを皮切りに「愛染恭子ショー」なども行ない、若松劇場はアイドルチーム

❖**村上麗奈**…（むらかみ・れな）一九六七年、東京都生まれ。AV女優。タレント、ストリッパーとしても活躍。

ショーで大入りを次々と出していくようになった。そうなるとお客の流れも一気に変わる。それまでは踊りのときには寝たフリしているようなお客しかいなかったのが、〝追っかけ隊〟が結成され、タンバリンを叩いたり、リボンを投げたりするようになり、客席が活気づいた。そして若松劇場専属のアイドルを作ることになった。ついに若松劇場は、「関東一ハードな小屋」から「アイドル小屋」へと変貌するときを迎えたのだった。

一九九三年（平成五年）には若松劇場専属アイドル第一期生AV青山愛❖、一九九四年（平成六年）には第二期生松本紫織❖、一九九五年（平成七年）には第三期生AV入江マコ❖がデビューした。専属アイドルを勢力的に生み出したことで、一九九六年（平成八年）にはアイドル小屋として定着した。

その頃、私は入江マコ嬢とよく話をしていた。ステージを心から楽しんでいる彼女の姿に私は好感を持っていた。マコ嬢はいつもニコニコして楽しそうに踊っていた。私は彼女の中にある負けん気の強さと創作意欲にエールを送っていた。

若松劇場の方針は他のアイドル小屋と違い、必ずしも「アイドルは可愛らしくあれ」というわけではなかった。踊り子に意見があれば、とりあえず聞く。全てがその意見の通りにいくわけではないが、個性を尊重する姿勢を感じた。自身が創意工夫を重ねて若松劇場を作り上げてきたオーナーだからこそ生まれた姿勢だと思う。

専属のアイドルが増えれば、向かいの食堂「大和」の常連組だけではなく、新たなストリップファンや追っかけ隊も増えてくる。店長の豊島氏はそんな客層の変化もよく見ていた。

❖**青山愛**…（あおやま・あい）　元AV女優。
❖**松本紫織**…（まつもと・しおり）　ストリッパー。
❖**入江マコ**…（いりえ・まこ）　一九七三年、福島県生まれ。元AV女優、元ストリッパー。愛称はまこりん。

「昔のお客さんは良い意味で個性がありましたね。それぞれの方法で踊り子さんを応援し、劇場を盛り上げてくれていた。それが軟弱になってきた。女性に飼いならされたオタクというか……。今ではタンバリンを鳴らし、リボンを投げればそれで盛り上がっていると思い込んでいる。確かにそれも客席とステージの演出効果だからいけないというのではないけど、デビューしたての踊り子までそうやって盛り立ててしまう。踊り子はこれで良かったと思ってしまい向上心がなくなってしまうのではないか、と思うのですよ。ただ、いい子だ、可愛い、ではダメなんです。踊り子としてステージで演技できなければ一人前ではない。

それに踊り子のほうも変わってしまった。以前はステージの進行状況を考え、お客さんを上手に操縦していた。そのかわり内面は淋しがりやで、男なしでは生きていけないタイプが多かった。稼いでは男に貢ぎ、ギャンブルをし、男と会えないときは従業員を飲みに連れて歩いた。新人の踊り子が入ると一人のおねえさんにつき、ステージのことから楽屋マナーまで、一人前としてデビューできるまですべておねえさんが面倒みていた。そんなこともあってか、踊り子はすべてにおいて生活の重みをずっしり背負っていた。

今は先輩の踊り子さんに任せるなんてことはないし、若い人

入江マコ。下写真は上が入江、下は専属の千葉なぎさ

たちはお利口さんですよ。悪く言えばサラリーマン的。ハメを外す踊り子はそういなくなった。先輩の踊り子たちもジェネレーションギャップを感じるのか、口うるさくなくなったから、楽屋マナーもできてない。劇場で管理して育てるのは大変ですよ。レッスンだ何だとお金をかけても、こっちが口うるさく言ってしまえばデビュー前にいなくなっちゃう。風俗のアルバイトと同じに思っているんだろうな」

タンバリンとリボン

一九九〇年代のアイドル時代からだろうか。「追っかけ隊」は良かれと思って、踊りとオープンショーのときに拍手の替わりにタンバリンを叩き始めた。始めのうちはカラオケでやるような単純なものだったが、自慢するかのように手わざを披露する人が増え出した。彼らは自分の追っかけている踊り子しか叩かず、ほかの踊り子のステージになるとロビーへ出てしまう。そうしたタンバリンの有無が人気のバロメーターのようになった。

劇場側もそのバロメーターを鵜呑みにするようになっていった。賑やかに叩いてもらった踊り子は当然嬉しいし、鼻も高いが、一方で仲の良い同年代の踊り子や面倒を見てもらっている先輩のねえさんからどう思われているかと不安になった。そこで「あのおねえさんのときにも叩いて」と頼むことが当たり前になり、頼まれてタンバリンを叩く人が増えていった。

もう一つ、お客の演出に〝リボン投げ〟がある。始めは紙テープだったが、肌に当たると切れるため布製になり、一ステージに何本も使っていた。リボンはベットショーの中で一番盛り上がるときに投げられた。踊り子がベッドから起き上がってニッコリ微笑み、ポーズを決めたときなど、お決まりのタイミングで数本を一気に投げるのである。ときには仲間といっしょに左右両側のステージ横から投げる。美しいし、華がある。リボンを投げて、それを引くのも技が必要だとお客は語っていた。また、一度投げてしまえば、次のステージまでに何本ものリボンを巻き直さなければならない。巻き直し器具までも自分たちで作ってしまうほど、皆、タンバリンやリボン投げへ熱を上げていた。そして追っかけ隊には、タンバリンやリボン投げに徹するときはステージは見ない、という暗黙のルールがあった。なぜ応援している踊り子のステージを見ないのかはわからないが、そっぽを向いている姿は大変奇妙であった。

こうなってくると今度は、踊り子もタンバリンの叩きやすい曲やサビがわかりやすい選曲をするようになる。ときには追っかけ隊から使ってほしい曲のカセットテープやCDがプレゼントされることもある。すると、自分の踊りたい曲や演りたい構成から離れざるをえない。踊り子がファンに動かされるようになった。

また、この頃からネット上で踊り子が評価されるようになった。ファンサービスをきちんとしないと誹謗中傷されてしまう。「あの踊り子は人気がない」とみなされれば、各劇場の仕事にも響くようになった。踊り子は「芸」だけ売っていればいい時代から、お客との付き合いを含めた自分の売り込み方を考えなければならない時代になった。

4 復活をかけて

街の匂い

船橋の街並みも少しずつ変化していった。埋立地が若松劇場の南へ広がったが、二〇分ほど歩けば港が見えてくる。風向きによっては磯の香りが漂い、ここがかつては漁師町だったことを思い出させてくれる。駅前南口の大通りには、デパートやコンビニが増えてはいるが、個人商店もまだまだ賑わっていた。魚屋・靴屋・大きな呉服屋、揚げたてのコロッケや惣菜が並ぶ肉屋。そして行商のおばちゃんが三、四人、アサリや漬物を板に乗せて売る姿もある。この風景を見ると心がほっこりする。たまに仕事で降りるだけなのに、ここに住んで昔を懐かしんでいるような気になってくる。

京成船橋駅の線路沿いに船橋のもう一館のストリップ劇場「ニュー大宝」があった。「大宝」はもともと線路の向こう側の船橋駅寄りにあったが、一九八四年(昭和五九年)に線路の南側へ移転して「ニュー大宝」となった。ニュー大宝がある京成船橋駅界隈には昔の名残がある。区画整理されていない細道に小料理屋と、イメクラ・ヘルス・ピンサロ・SMクラブ・ピンク映画館などの性風俗店が立ち並ぶ。

ニュー大宝の入口は、昔のストリップ小屋のそれである。立て看板には踊り子の写真が貼られ、「外人」「セクシー」といった文字が大きく書かれている。入口に向かい合うようにして置かれているのは木のベンチ。冬になると暖房は石油ストーブ。その上にはよく鍋が乗る。踊り子が従業員のために鍋を作ることがあるのだ。鍋は豚汁かカス汁(踊り子はカス汁を作る人が多い)。

出演する踊り子は、アイドル組もいるがどちらかと言えばベテランが多いので、往年のストリップファンもよく通っている。ニュー大宝の若手の踊り子は、「話し相手がいなくて」と言って、ときどき若松劇場の楽屋に遊びにきていた。

当時、私もよく見ていた「劇場辞典」というウェブページに、ニュー大宝に関する投稿があった。「定員三〇人程度の小さな劇場であるが、照明がすばらしくステージもきれいである。聞くところによると、数年前にリニューアルしたそうである。でも、ショーの内容は、変わってないので期待しないでください。踊り子さんは、五人である。料金は三〇〇〇円。一九九七年さすらいのパンダ」「ステージの解説みたいな人(今度教えて下さい)は二人交代で、奇数ステージを受け持つ人は客を乗せるのが上手いですが、偶数ステージ受け持ちの人が説教臭くて客が乗らない様です。一九九七年GONBE」

若松劇場へ行く場合、駅前の大通りから本町通りを抜ける道ではなく、京成船橋駅のニュー大宝がある方とは反対方面に抜ける道を通ると近かった。この細道は、昼と夜の顔がまったく違う不思議なところだ。昼間は薬局やお菓子屋で買い物する近所のＯＬやおばさんたちで賑わっているが、日が暮れるとピンサロのケバケバしいネオンが輝く。呼び込みの兄さんが手を叩き「ヨッ、社長！遊んでいかない？」などと人びとに声をかけていく。若松劇場の出番が終わって船橋駅へと急ぎ歩いていると、いつもそのお兄さんに茶化された。

「おねえさん、お仕事終わったの？　お疲れさん！　早く行かないと電車に乗り遅れるよぉ！ハイ、イッチニ、イッチニ！」

若松劇場へ続く住宅街には昔ながらの喫茶店があり、昼時には生姜焼きライスやナポリタンなど、懐かしい味を求めるお客さんで賑わっていた。「淀君」からコロコロ名称が変わったストリップ劇場はこの喫茶店の傍にあったが、この頃はもうストリップ劇場ではなくなり韓国クラブに変わっていた。そこから若松劇場へ向かう道のりには小料理店が並び「おにぎり」「やきとり」「定食」などの文字が入ったのぼりがヒラヒラしていた。その中の何軒かはのれんをくぐったことがあるが、どの店も気さくで温かい家庭的な味のお店であった。

企画プロデュース

若松劇場のオーナーから「話がある」と言われ飲みに誘われたのは一九九八年（平成一〇年）のことだった。その頃の若松劇場はすっかりアイドル小屋として定着してはいた。しかし以前のようなバラエティに富んだ内容ではなくなって、マンネリ化していた。

「ＳＭものは固定客がいるから、やはり定期的に入れ込んでいきたい。だけど踊り子のＳＭ・自縛ではパターンが決まっているので、SMに新しい風を吹き込みたい。早乙女だったらその業界の仲間や友達がいるだろう。そういう人たちを呼んできてほしい。今までのストリップでは見たことのないようなショーを若松で見せてほしいんだ」

「でも、皆、それぞれ仕事していますから一〇日間出てもらうのは無理ですよ」

「いや、一〇日間が埋まればいいんだから、一人一日でも構わない」

船橋若松劇場へ向かう路地

話はたしかに面白い。ちょうどSM界では皆、独自にイベントを展開していて新しい方向性を模索していた頃だった。しかし七香盤（七演目）ある中の三香盤（三演目）を一人一日で埋めるというなら、いったい何人集めなければならないのか。人との交渉ごとが苦手な私にとっては荷が重い話だった。

話はいったん途切れ、やがていつものように回りの客を巻き込んだ大宴会になった。そしてそのあと再び少人数に戻って酒を飲んだ。酔いが回ったオーナーが顔を近づけてきて言った。

「なぁヒロミちゃん。さっきの話、やってくれるな。若松劇場から新しい風を起こしてやるんだ。ウチでしかできないことをやってやるんだ。〝早乙女宏美プロデュース企画〟と、バーンと打って出るんだ。な、頼むよ。若松劇場を盛り立ててくれよ」

その熱心な眼差しに私はほだされた。こんなにも劇場のことを思っているのか。私は不安に思いながらもこの企画を了承し、オーナーと堅い握手を交わした。

それから当時の仲間やその紹介で知り合った人でなんとか枠を埋め、プロデュース企画をスタートさせた。ストリップ劇場にあまり出演しなくなっていた「オサダゼミナール」や中村京子嬢をはじめ、劇場初出演の緊縛師やパフォーマンス集団を集めたのである。しかし日数や持ち時間はバラバラ。楽屋マナーもなにもあったものじゃなかった。皆プロなのでさすがに穴を空けるようなことはしないが、いろいろな意味で毎日ドキドキしていたのを覚えている。若松劇場専属のアイドル組はこの不規則な舞台に快く対応してくれた。時間のズレが起きても冷静に立ち回ってくれた。私は心から彼女たちに感謝し、その冷静な対応に拍手を送った。オーナーの劇場への思いは、確実に皆に伝わっていた。アイドルの皆もこの劇場のことを考えて専属でいてくれているんだ、と頼もしく感じた。そして、それならば私も劇場に甘えてみよう、大船に乗った気持ちでこの企画を続けていこう、と肝がすわったのだった。

❖**早見聖子**…(はやみ・せいこ) 一九九七年デビュー。若松劇場専属のストリッパー。
❖**香取しずか**…(かとり・しずか) 一九九七年デビュー。若松劇場専属のストリッパー。
❖**牧瀬茜**…(まきせ・あかね) 一九九八年デビュー。ストリッパー。愛称は「がまぐち茜」
❖**夕貴美保**…(ゆうき・みほ) 一九九九年デビュー。若松劇場専属のストリッパー。

変化する若松劇場

一九九九年(平成一一年)はこの劇場にとって飛躍の年であった。もともとチームショーには力を注いでいた若松劇場が、早見聖子❖、香取しずか❖、牧瀬茜❖、夕貴美保❖の四人を「だんご四姉妹」と名付けて、マスコミに売り出した。専属踊り子も九人ほどに増え、テレビの深夜番組にも取り上げられるようになった。若松劇場は今や胸を張って世間にアピールできる、華のある劇場になったのだ。

そんなとき、ファンサービスとして企画されたのが、踊り子六名ほどが参加する「撮影会&温泉バスツアー」だ。ヌード撮影ではないが、大きな公園で素顔の踊り子が見られると好評だった。マスコミの一部も招待し、活気ある若松劇場をアピールした。

そして再び舞台が改装された。二階照明室の隣にあった薄汚い物置小屋が壊され、二階から本舞台一階へと繋がる花道、通称「ミルキーウェイ」が作られた。

「いくら場を提供しても、空間がなければステージ内容は広がらないだろう。俺はそのために借金して作ったんだ」と力説するオーナー。とても面白いアイデアだ。しかし歌舞伎の花道を見てもわかるように、ただ歩いて登場するだけでは芸がない。すぐにマンネリ化してしまう。演目ごとにこの空中花道を効果的に使わなくてはならない。そのことに踊り子たちは苦労した。私も空中花道をどう活かすかを乗るたびに考えた。このことは実に刺激になった。

一九九九年には風営法の改正もあった。ストリップ業界全体が緩やかな下降線上にいた。深夜のポスター貼りで集客してきた若松劇場もいよいよもってピンチとなった。また、もともと体調が悪かったオーナーはより一層消耗しつつあり、求心力も弱まっていった。

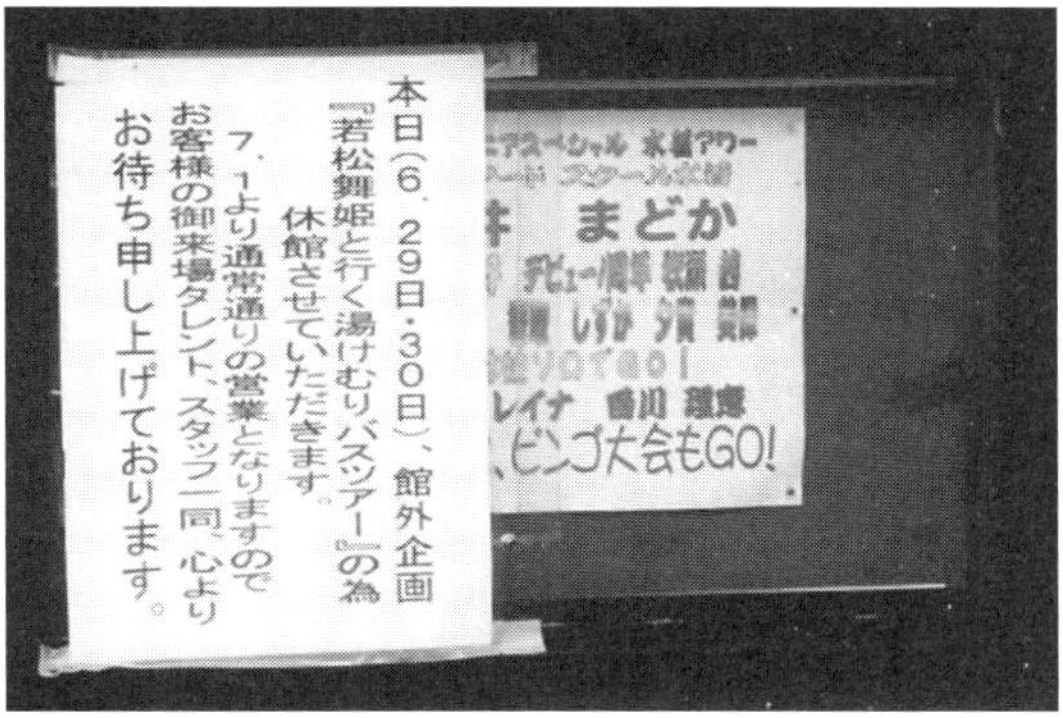

若松劇場の告知板

私のプロデュース企画も続いてはいたが企画枠が減り、一日一枠だけの公演となっていた。ほかはすべて一回五〇〇円ほどを稼ぐためのポラロイドショーへと変わっていった。

「SMをやるなら前みたいにもっとまとめないと中途半端だよね。これじゃもったいない。よくないと思っている。だけど、社長はポラの現金収入を欲しがるんだ。でも、きっとまた、元に戻ると思うよ」

と企画担当者は語っていたが、結局実現はしなかった。

時代の移り変わり

二〇一〇年（平成二二年）、本書出版のため、若松劇場専属であった牧瀬茜嬢に改めてインタビューした。一九九八年（平成一〇年）にデビューした茜嬢は、もとより創作意欲が高く、多才でもあった。紙粘土でキャラクターを作ったり、シンガーソングライターをやったり、写真を勉強したりと、とにかくいろいろなことに挑戦していた。現在はフリーの踊り子として演劇界などにも活躍の場を広げている。

「若松劇場は育ててくれる劇場でした。それぞれの踊り子のいいところを見出してくれている。お客さんも一丸となって応援してくれるし、かえって不思議な感じでした。チームショーもよくやり、お祭りのような楽しさでしたね。お客さんも楽しんでいるのが伝わってきますし。デビュー間もない頃、何もわからないのでとにかく一生懸命でした。楽屋では人間関係が大変だったので辛いときもありましたが、ステージに出ているときが救いでした。それがよく乗せてくれる劇場が固まってきて、乗る間隔がどんどん短くなっていくんです。これは私だけじゃなくて、その頃同期の踊り子は皆そうでした。私はポラをやってましたけど、一日四回、ポラを撮ってもらうために衣装を次々に替えたりして工夫していました」

若松劇場でたまに一緒になると、茜嬢は机に並べた何枚ものポラロイドと向き合っていた。サインを書いたり、イラストを入れたり、手紙を書いたり、シールを貼ったりと、休む間もない。そこまで必要なのかと思うほどのサービスぶりである。しかしこうした努力を欠かさないのは茜嬢だけではなかった。ポラをやる踊り子は皆そうしてファンサービスしているのだった。

「お客さんとの距離がどんどん近くなっていったんです。それぞれ言うことは皆違うし、常連さん

牧瀬茜嬢（下写真はステージ衣装）

が多くなり、より家族的になってしまった。そうなると見飽きさせないために、四ステージすべて曲や衣装を替えたり、お客さん中心に考えるようになってしまった。自分を失ってました。客動員が気になり、自分の人気と関係あるのか、とそんなことばかり考えるようになって」

劇場が営業形態を優先し、ポラロイドの現金ばかりあてにした結果、踊り子まで振り回されてしまったのだ。このようにして、若松劇場だけではなく、全国のストリップ劇場が自分で自分のクビを締めることになった。

船橋駅周辺の再開発計画が動き出した二〇〇三年（平成一五年）。若松劇場へ向かう道沿いにあった小料理屋がなくなった。京成船橋駅のＪＲ側は高層ビルが建設されていった。その中にゲームセンター・麻雀屋・個室ビデオ店といった昭和の建物が若干残されている。枯れた蔦が壁を這い、朽ちたトタンが揺れ、ゲームセンターのＵＦＯキャッチャーの中ではやけに大きい魚が泳いでいた。なぜ魚なのか……。妙に物悲しい光景だった。

ＪＲ船橋駅南口も駅前が整備され、道路の拡張工事が始まっている。歓楽街のイメージを排除し、整然とした都市空間に変わろうとしているのだ。

船橋文化の終焉

その頃から私は船橋へ行かなくなってしまった。行く用事がなくなったこともあるが、変わっていく街を見たくなかったのだ。しかし若松劇場周辺や遊廓街跡地、それから吾妻屋などのことはずっと気にかかっていた。しかし二〇〇九年（平成二一年）二月一六日、吾妻屋が火災により焼失した。突然火の手が上がったという。原因はわかっていない。しかし今までずっと残っていた建物が急に燃えたというところに何か意図的なものを感じてしまう。この周辺の歴史を無にしたい誰かがいるのだろうか。

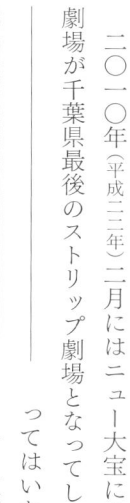

二〇一〇年（平成二二年）二月にはニュー大宝に手入れがあり、そのまま閉館となった。ついに若松劇場が千葉県最後のストリップ劇場となってしまった。牧瀬茜嬢も専属としての意地をみせ、頑張ってはいたものの、やはり若松劇場にも摘発の手がのび、踊り子多数が挙げられて、罰金と八カ月の営業停止処分となった。このときに辞めた踊り子も多かったという。昔の踊り子は、摘発されても当然のように劇場に戻ってきた。〝前（前科）がつく〟ことは勲章のように思われていたのかもしれない。そして自分にはステージしかないと思っていた踊り子も多かったのだろう。また、踊り子の保釈金などはすべて劇場側が支払うため、恩義を感じて辞められなかったということもあっただろう。しかし今の時代、ハダカの仕事はいくらでもある。法を犯す職業に見切りをつける潮時だったのかもしれない。

若松劇場の跡地（2018年）

営業停止後、若松劇場は再開にこぎつけたものの、資金繰りの状態はジリ貧だったのだろう。入場料という現金収入のみのストリップ劇場が八カ月ものあいだ営業停止になるということは警察から餓死せよと言われたのも同然だった。その間にも従業員の給料や保釈金、罰金など次々と現金が必要になる。二〇一三年(平成二五年)八月。若松劇場は閉館した。社長の現金持ち逃げ事件というおまけまでついて。

これで厄介物はすべてなくなった——そう言って、この結末をどこかで誰かが喜んでいるのではないか。私にはそんな風に見えてしかたがない。でも私は納得できない。街の文化が消えて嬉しいはずがない。たとえマイノリティの文化であっても、それが栄えていたということは、日本が、街が、成長してきた証である。街が繁栄してきた過去を記録することはとても大切なこと。歴史を消してはならない。

浅草ロック座に乗るようになった牧瀬茜嬢は、晴れやかな表情で語った。

「お客さんからステージに立つ勇気を再びもらいました。ストリップ劇場ってやっぱり凄いパワーがあるところです。面白いことをここから発信していきたいです」

船橋駅

一番搾り
北海道を
「笑顔＝ヨロコビ」で
満たしたい、
キリンビールです
すすきのビル
BLACK
ハイボール
香る夜

第四章　札幌

マルハン
人生にヨロコビを
新しいパチンコへ
北海道は
サッポロビール
Coca-Cola
BIG ECHO
ファイターズを見ずに
北海道は離れない

1 遊廓からの出発

夢の札幌

二〇一四年（平成二六年）、春。私は憧れの地・札幌へ移住した。北海道での夢をあれこれと思い描いてきたが、冬の雪生活に慣れるため、まずは都心部の札幌市中央区に住むことにした。借りた部屋は歓楽街のススキノにほど近い。ネオンが煌めき、飲食店から性風俗店まで多くの店がひしめき合うススキノは賑やかで、客引き・観光客・若いホストの兄ちゃんなどさまざまな人間がうごめいている。

私が具体的に札幌への移住を考えはじめたのは、一九九九年（平成一一年）、ススキノに新しくできたストリップ劇場「札幌道頓堀劇場」（道劇）へ出演してからだった。そのとき札幌にはほかに二館のストリップ劇場があった。「ニューカジノ」と「浅草ロック座マドンナ」であったが、私はどちらにも出演したことがなかった。ススキノはビル街だが、そこから見える空は広く大きかった。私は「道劇」へ乗るたびに、「いいなぁ、この空。この大空に抱かれて毎日を過ごしたい。私も札幌に住みたい」という思いを募らせていたのだった。

月日は流れ、いよいよ移住の夢が実現することになった。しかし東京から札幌へ引っ越しするための身辺整理をしているうちに、ススキノのストリップ劇場三館はその生命を終えてしまっていた。札幌へ引っ越してきて、思い出の道劇の前に立つ。「札幌道頓堀劇場」と看板はまだあるものの、ビルの内部はすべて風俗店に変わっている。今、ススキノにストリップ劇場は一館もない。この街もまたストリップ文化を失ってしまったのだ。私はとても寂しい気分になった。

なぜススキノのストリップ劇場はすべてなくなってしまったのだろう。ススキノの性産業の歴史を調べてみたい。そう思って住み始めたばかりのこの街を探ることにした。

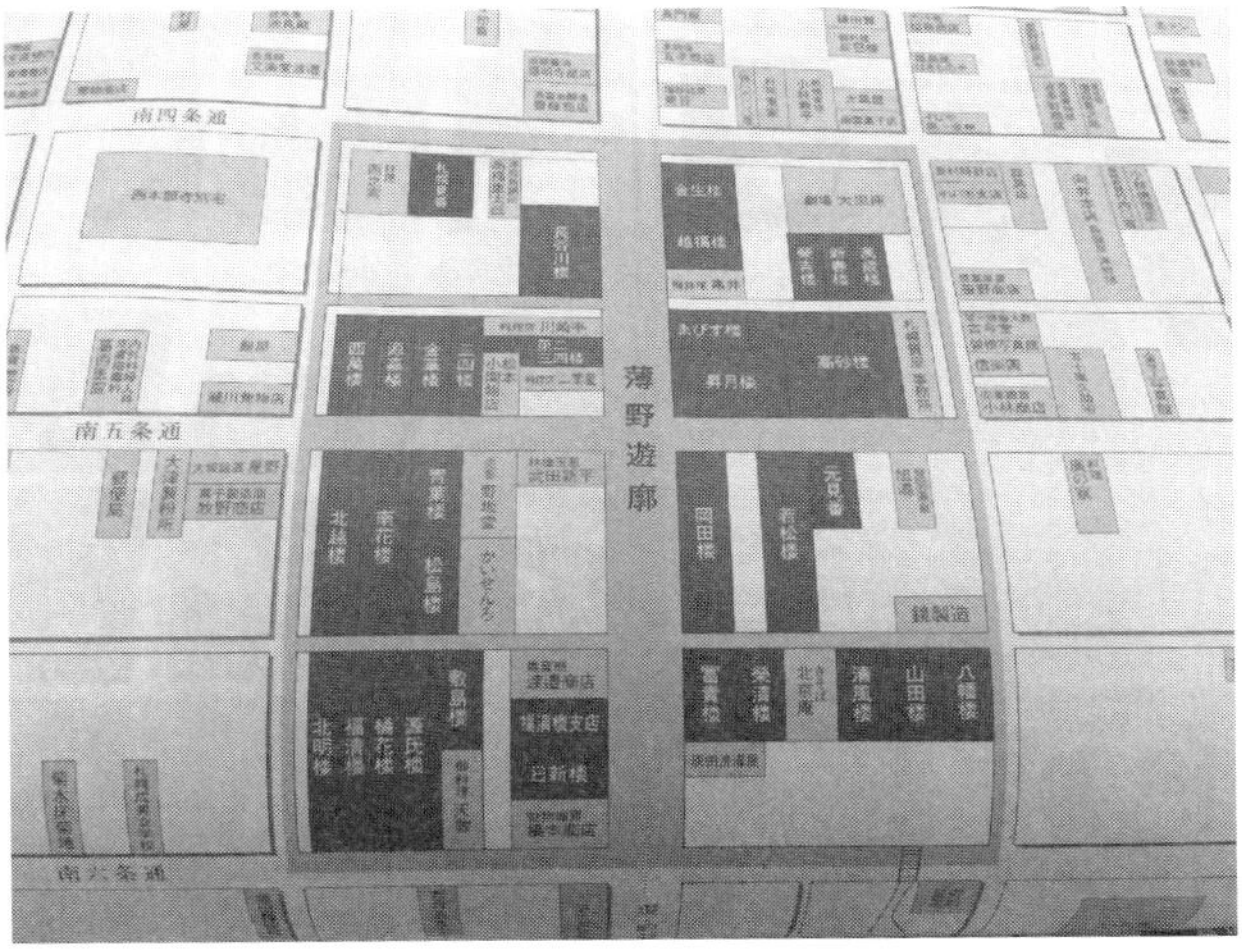

札幌遊廓地図

ススキノ誕生

本州の多くの歓楽街がそうであるように、ススキノもかつては遊廓地帯だった。ススキノが公娼遊廓地としてスタートしたのは一八七一年(明治四年)。札幌の街は、京都のような碁盤の目状に整備されている。遊廓は今の南四条通り〜南五条通り、西三丁目〜西四丁目あたりの二町四ブロックと定められた。この周囲を囲むように、高さ一、二メートルの土塀が作られ、南四条西三丁目の西角と西四丁目の東角に高さ三メートルの木柱が建てられ、入口の大門とされた。

この地を公に遊廓と定めることには理由があった。当時すでに、出稼ぎにくる漁師や労務者たちを目当てとする私娼たちがいた。一八六九年(明治二年)に〝飯盛女〟を抱える宿屋は六軒あったという。しかしその出稼ぎ人たちは定住せずに、季節が終わると稼ぎを持って故郷へ帰ってしまう。そこで彼らを引き止めて定住させ、お金を町に落とさせるために遊廓が作られたのだった。娼妓になった女性は、本州では東北地方の出身者が、道内では岩内《いわない》、積丹《しゃこたん》、余市《よいち》、古平《ふるびら》、磯谷《いそや》、寿都《すっつ》といった農漁村出身者が多かった。公の場所で働く際には戸籍謄本が必要で、満一八歳以上でなければ娼妓になれなかったという。お金で売られた娘たちは背負わされた借金の返済が終わるまで解放されないが、着物代や性病検査の病院代、雑費なども〝前貸し〟として借金になるので、よほど倹《つま》しく生活しなければ完済できなかったという。

ススキノ遊廓には娼妓の数と建物の規模によって一等から三等のランクがあった。揚代は一等が一円五〇銭、二等が一円、三等が八〇銭だった。当時、とび職や土木作業の人夫の日給が二五〜三〇銭で、大工がだいたい五〇銭。揚代は娼妓が店と折半した。その娼妓は門外へ自由に外出することができず、外出する際は門の前の交番に「外出届」を出さなければならなかった。そんな軟禁状態のススキノ遊廓内に、一八七一年（明治四年）、札幌初の芝居小屋「秋山座」が建てられ、遊廓に酒と料理を届ける料亭をはじめ、遊廓に登楼した客や従業員を客層とした飲食店が増え、楼内が賑わい出してきた。一八七〇年（明治三年）の札幌定住者はわずか一三人だったが、一八七二年（明治五年）に九六〇人となっているから、政府の目論みは当ったことになるだろう。遊廓の数は三三軒にまでなり、娼妓も三〇〇人を越えた。

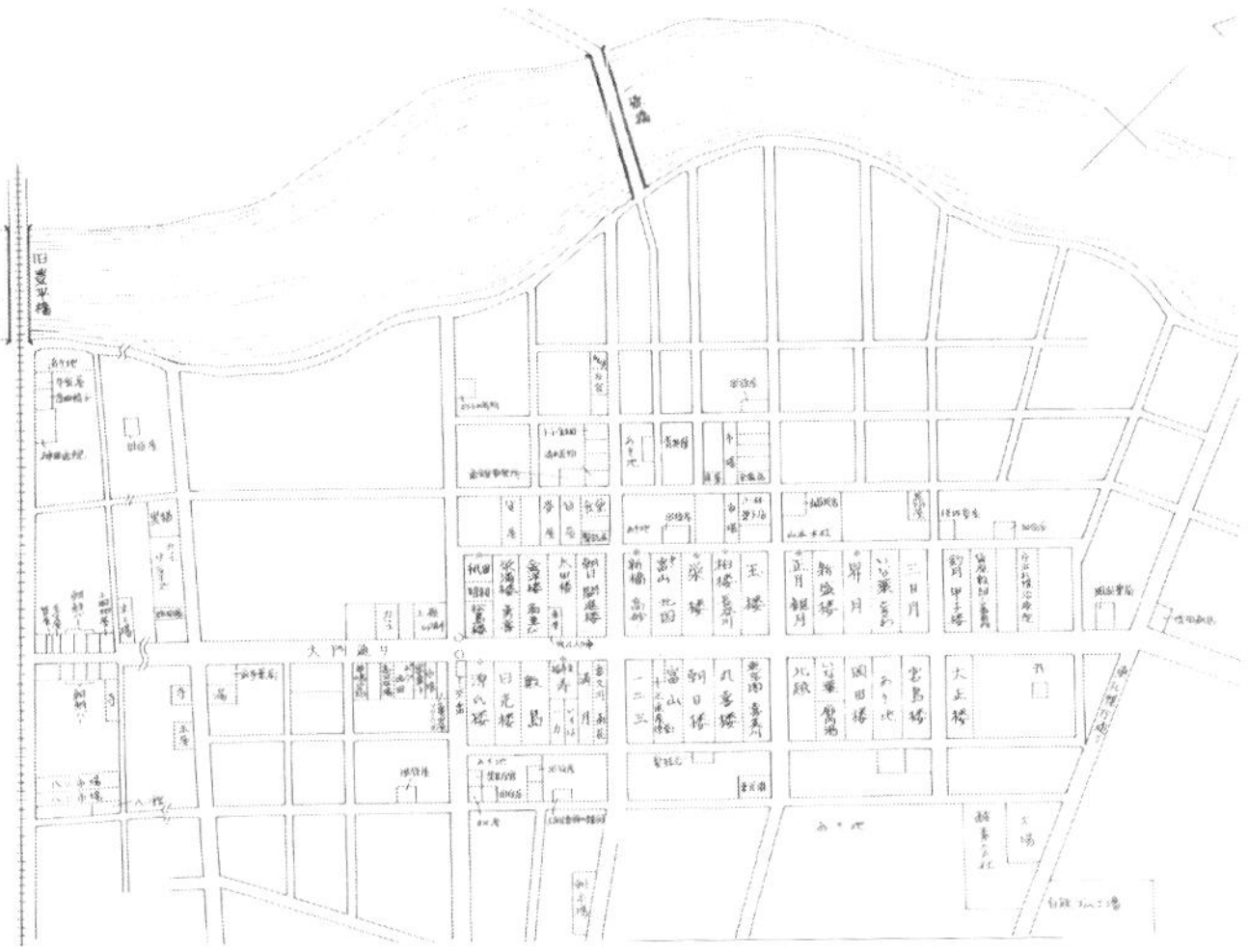
札幌白石遊廓地図

その後何度かの不景気もあったが、それを乗り切る力が遊廓にはあった。開道五〇年にあたる一九一八年（大正七年）、記念博覧会がススキノの目と鼻の先にある中島公園で開催されることになった。そのため遊廓を移転させろとの声が上がり、移転先をめぐり協議を重ねた結果、豊平川の川向う、白石《しろいし》・菊水《きくすい》地区に決まった。畑地二万五九二坪を札幌区が買収し、移転にこぎつけたのだが、肝心の博覧会開催時には間に合わなかったため、遊廓一帯を迂回する輸送手段を取ったという。

一九二〇年(大正九年)、資金ができた順に各楼は菊水に移築されていったという。ススキノから三一軒が移っていった。遊廓の入口、東西には九〇センチ角で高さ三メートルのコンクリート製門柱が建てられ、「札幌遊廓」と彫刻されたが、人びとは札幌とは違うという意識で〝白石遊廓〟と呼んだ。道路の中央には小川が掘られ、清水が流れていたそうだ。

こうしてススキノから遊廓が消えた。華やかさはなくなったものの、料亭は残り、新しくカフェーや活動写真館が建てられ、ネオンは再び輝き出した。

戦後娯楽の復興

一九四五年(昭和二〇年)八月一五日、敗戦。札幌の建物被害は本州に比べて比較的少なかった。警察署は白石遊廓を休業させてその一部をススキノで流行り出していたカフェー・バー・ダンスホール・レストランなどに改装して売春地帯のイメージを払拭させようとしたが、娼妓は減らず私娼となっていく(青線地帯ができる)。

一〇月五日、進駐軍の米兵が札幌へ乗り込んできた。ススキノでは彼らのためのダンスホール・バー・キャバレー・飲食店が次々とオープンし、活気に満ち溢れていった。

そんなきらびやかなススキノ地区から少し外れたところに、札幌独特の業態が登場した。〝ツブ焼き屋台〟だ。巻貝の「ツブ」を炭火にかけ醤油を落とし芳ばしく焼く。どぶろくや闇酒の旨いアテとなるわけだ。屋台の主のおばちゃんから「ツブおいしいよー」と声をかけられたお客は、寒空のなか、磯と醤油の芳ばしい香りに誘われて屋台へと入っていく。するとおばちゃんは彼らに、

「生きているツブの方はどうだい」

と声をかけるのである。説明するまでもない。オンナのことだ。

ツブ焼き屋台がズラッと並んだのは、札幌市が〝外地〟から引き揚げてきた人たちのために路上の使用を許可した南六条西二丁目の「中央寺」付近の道と、そのそばの「新善光寺」前の道、そして南四条西五丁目「東本願寺」の北側などであった。屋台の中にはおねえさんが待機していてお酌をしてくれるところもあったとか。屋台主と女性の取り分は、七対三であったという。

狸小路

一方、ススキノから少し離れた所にある商店街「狸小路」も戦後は闇市として賑わった。もともとこの狸小路は庶民の商店街・歓楽街として栄えていた地域である。場所はススキノから北へ二条上がった、南二条西一丁目から西八丁目辺りまで。「狸小路一丁目」から「一〇丁目」まで名称が割り振られている。一八七三年（明治六年）頃、南二条西二丁目に芝居小屋「東座」が建てられたことがきっかけとなり、一杯酒屋が軒を連ね、売春婦が現れたりしたという。当時の北海道では売春婦のことを〝白首《ごけ》〟と呼んでいたそうで、そのあたりは〝白首小路〟とも呼ばれた。そのうち女のばかし方が狸よりも上手ということで「狸小路」となったそうだ。

戦後、狸小路九丁目と一〇丁目には引き揚げ者のためのバラック住宅が建てられた。前述のとおり引き揚げ者たちが市から使用が許可されていたのはススキノの道路だったため、道路では生活できないと、引き揚げ者たち自らが狸小路に目をつけ、地主と交渉し、住宅地を作ったという。闇市がひしめいていた狸小路も警察の取り締まりが厳しくなり、徐々に商店が復興し出してきていた頃だ。

一九四七年（昭和二二年）、狸小路六丁目に進駐軍専門のキャバレー「グランドパレス」がオープンし、東京から踊り子がやってきた。踊り子の乳首にはスパンコールが散りばめられた〝ニップレス〟がつけられていた。『さっぽろ文庫36　狸小路』（北海道新聞社）には「ヒロセ元美が来た」と記されている。ヒロセ元美は、大きな羽扇二つを華麗に操って舞うファンダンスを得意としたストリップダンサーだが、東京でのデビューは一九四九年（昭和二四年）だ。もしかすると華々しくデビューする前に来札したのかもしれない。また、この頃の札幌の洋画館では、映画のフィルムが手に入らなかったため、ストリップ巡業が東京から来て場内を賑わせていたという。

一九四八年（昭和二三年）、休業していた白石遊廓が復活した。あちこちで私娼があふれていたため、公権も公娼を認めざるを得なくなったのだろう。戦後は「遊廓」という名はなくなり「赤線」と呼ばれた。全国津々浦々、性産業が強い復興力を発揮した時代だ。一九五二年（昭和二七年）にはススキノに「トルコセンター」がオープンしている。当初、性的サービスはなかったが、徐々に〝オスペ〟をする店も増えていった。この頃のススキノは第一次キャバレー時代。街にはネオンが煌めいていた。

白石遊廓があるにもかかわらず、青線となるススキノや狸小路には私娼やモグリの店、客引きが後を絶たなかった。そこで一九五三年（昭和二八年）三月に札幌市「風紀取締条例」が施行され、客引き行為や置屋の営業、売春行為が禁止された。さらに、娼婦の雇い入れや場所の提供も禁止された。このときの青線地区には九〇軒の店舗があり、二九二人の売春婦がいたという。

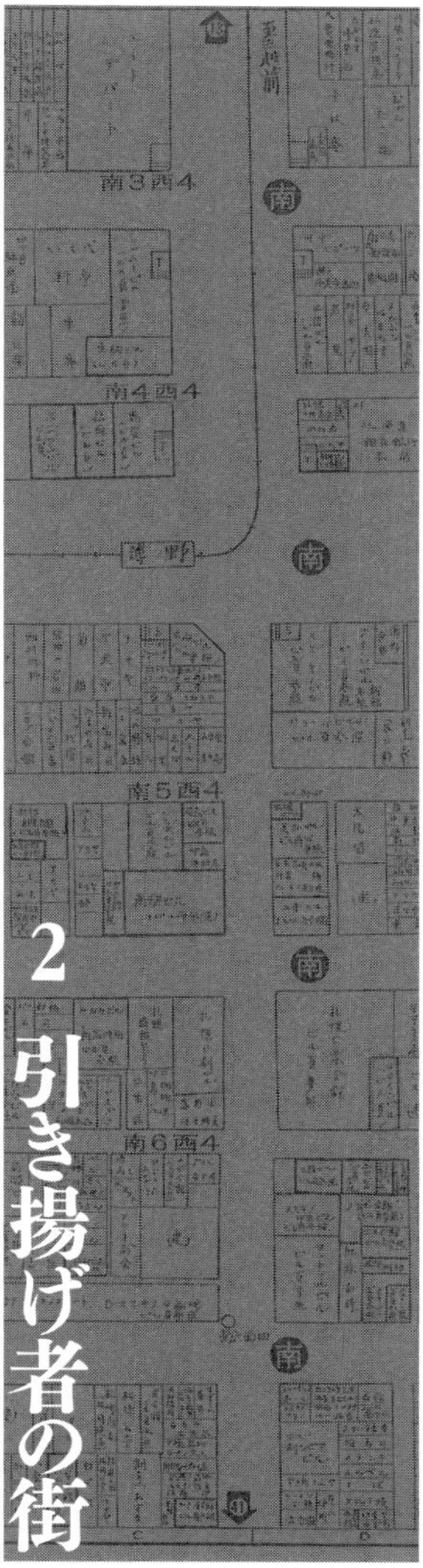

2 引き揚げ者の街

ストリップ劇場登場

一九五四年（昭和二九年）、札幌初のストリップの常設館ができた。狸小路八丁目（南二条西八丁目）の商店街の中に突如として現れた「美人座」である。オーナーはテキ屋の大親分。新聞広告には「毛穴まで見せます」と載っている。四〇人も入ればいっぱいの小屋だったが、連日盛況だったという。あえて照明は暗めで、地味。テキ屋であるだけに警察との付き合い方が上手かったのだろう。派手にやればすぐに目を付けられることを知っていた。

それからほどなくして二館目ができた。資料がないため開館時期も閉館時期もわからないが、少なくとも一九五六年（昭和三一年）の時点で南六条西二丁目にあったのが「カッパ座」だ。ストリップの合間にはコントが入っていたようだ。しかしここの座付きの踊り子が定山渓温泉の宴席に呼ばれて全裸ショーをやったことで警察の手入れを受け、一座は解散に追い込まれた。

一九五八年（昭和三三年）、「売春防止法」が施行され、ついに赤線の歴史が終わった。もちろん白石遊廓も表面上は終わりとなった。

ツブ焼き屋台はというと、この法律の影響かどうかは定かではないが、「交通の邪魔」「美観がよろしくない」という理由で行政指導が入り、次々に撤去された。しかし親分肌の地主が名乗り出て、すべてが撤去となれば路頭に迷う者もあろうと屋台を〝団地〟にする提案をした。こうしてばらばらだった屋台が集まり、屋台二七軒分の「藤五横丁」（南五条西六丁目）と屋台五〇軒分の「ススキノ屋台団地」（南五条西七丁目）という二つの〝大きな団地〟といくつかの〝小団地〟ができた。「団地」といっても、ブリキ囲いにトタン屋根の一坪の店。この頃〝生きたツブ〟は〝自由恋愛〟という形をとるようになり、女性たちはお客として屋台に出入りするようになっていた。そんな「ツブ焼き屋台」のことを作家吉行淳之介が取材し、一九六二年（昭和三七年）に『札幌夫人』という短編小説にしている。

時代は高度成長期。ビジネスマンが単身赴任で札幌に来ることが多くなり、札幌の単身赴任者のことを〝札チョン族〟と呼ぶようになった。「独り者」のことを朝鮮語で「チョンガー」ということに由来する。

オデオン興業

一九六〇年（昭和三五年）、三館目のストリップ劇場「札幌ミュージックホール」が南六条西三丁目にオープンした。オーナーは旭川でストリップ劇場を経営していたオデオン興業の前田紀元❖氏。東京

❖**前田紀元**…（まえだ・のりもと）　元陸軍大尉。戦後の復興のためにビルを建設した。のち映画館からストリップ劇場の興行主となったが、一九七六年にストリップ界から手を引き、ホテル業とビル管理業に専念。晩年は社会福祉事業を行った。

の手配師に頼み、五人編成の質の高い踊り子たちを揃えた。前田氏は頭の切れる商売人で、どうせ北海道まで呼ぶなら一回で帰さず、各地域を廻らせた方が稼げると考え、函館・室蘭・洞爺湖・小樽・帯広・釧路・北見・青森・仙台と次々にストリップ劇場を開館させていった。さらにその後、地下にサウナを併設した「オデオン座」も狸小路一丁目に開館させている。

開館すればお客が入る。北海道のストリップ劇場の全盛期だった。東京ではショーとしてのストリップは廃れ、関西ストリップ、いわゆる〝全スト〟が流行り出した頃だ。遠方への出張費は劇場持ちで、私が演っていた頃は片道分しか出なかったが、当時は全額だったのかもしれない。相当な額になるが、各劇場を廻らせれば、少なくとも約三カ月は同じチームを割安な経費で使えるわけだ。それに常設の劇場をおくことで、地元からも踊り子の女性を雇えると考えたのかもしれない。

こうして前田氏は劇場を増やす一方、観客動員が振るわない小屋には見切りをつけて地元の興業師に貸したりした。そしてその収益でススキノの土地を買収し、ビル建設に乗り出した。一九六九年(昭和四四年)一二月、南六条西四丁目に地上四階のビル「ラテンビル」を建設し、その四階に「ヌード劇場フランス座」(六四席)を開館させた。

一九七〇年(昭和四五年)、前田氏はススキノのど真ん中である南五条西四丁目にも大きなビルを建設している。地下二階、地上七階建てのビル(現・ススキノ日劇ビル)である。六、七階は吹き抜けにして、一五〇席のヌード劇場を作った。ここでのショーは全ストではなく、東京の日劇ミュージックホールのような上品で綺麗なヌードショーを観せるつもりだった。札幌にはそのほうが向いているのではないか、と考えたからだ。事実、札幌の〝大箱キャバレー〟でのショーは、大物歌手の歌謡ショーはもちろんだが、上品で美しいヌードショーも人気があり、日劇ミュージックホールからたびたびダンサーが来ていた。前田氏自身、経営しているキャバレーでヌードショーを取り入れている。

しかし劇場のオープン前に開催しようとした「新人オーディション」への応募者がわずか二名だったため、ほかの劇場からダンサーを呼び寄せることにした。結果、客足が伸びず、すぐに閉館してキャバレーに変えた。

ストリップ劇場狂乱

このように、ススキノのストリップ劇場を牽引してきたのはオデオン興業だったが、しばらくして他の興業主も参入し出した。一九七一年(昭和四六年)六月に南六条西一丁目の新善光寺横に開館したのは、ヌード劇場「マノン座」。寺院が建ち並ぶこの地域は、戦後、引き揚げ者の街となり、ツブ屋台が立ち並んだ場所だ。オーナーは、美唄《びばい》で映画館を持っていた「マノン芸能」。照明や舞台が綺麗で、黒人ダンサーが〝トクダシショー〟をしていたという。

同じ年の八月に南二条西五丁目に開館したのは「カジノ座」だ。そのオーナーである「村井芸能」も、オデオン興業同様に、登別や川湯に温泉劇場を建てて踊り子を回していたという。

また、この時期、豊平橋にほど近い豊平三条一丁目でも「ヌード千姫」というストリップ劇場があったことが確認できる。この劇場には、ススキノで有名だったゲイバー「ゴールデンK」のゲイボーイダンサーも出演していたという。この頃ゲイボーイダンサーは、キャバレーのショーでは「ブルーボーイ」と呼ばれ、彼らのヌードショーがもてはやされていた。

この頃の札幌には、狸小路に「美人座」、ススキノに「札幌ミュージックホール」「フランス座」「オデオン座」「マノン座」「カジノ座」、豊平に「ヌード千姫」というように実に七館のストリップ(ヌード)劇場が競合していたことになる。札幌を含めた全道で見るとストリップ(ヌード)劇場は二〇館ほどだったという。このような状況のなかに地元ダンサーがどのくらいいたのかは定かではない。

全国的に「性」に対する意識が変わりはじめ、新たな刺激を求めるようになっていった時代。ススキノには「トルコ風呂」(現・ソープランド)が増えて、〝二輪車プレイ〟という女性二人によるサービスが登場した。また、ビル建設も進んで、大箱キャバレーチェーンやピンクキャバレーが本州から乗り込んできた。ススキノで一旗上げようと道内各都市からもクラブやキャバレーの新店舗を札幌に開店させる者が多く現れた。

こうして移り変わっていく街で、ラテンビルのなかにあった「フランス座」はひっそりと閉館していた。少なくとも一九七二年(昭和四七年)にはトルコ風呂になっていたようだから、閉館は七一年あたりだろうか。

続いて、一九七四年(昭和四九年)には「札幌ミュージックホール」と「美人座」が閉館。「美人座」では、テキ屋の大親分の亡きあと、おかみさんが社長となって頑張っていたが、かつての客と思しき人によるネットの書き込みには、「私娼が入り込み、誘ってくるので嫌になった」とあった。

しかし閉館する劇場がある一方で、新たに開館する劇場もあった。古い住宅地図で偶然見つけたのは、南五条西五丁目の「大宝劇場」だ。また、豪華なストリップ劇場もオープンしている。「ススキノゼロ番地」という看板でお馴染みのススキノ市場の裏手、南六条西四丁目の「札幌コマ劇場」である。オーナーは、ススキノですでにクラブなどをオープンさせていた沼沢守氏だ。沼沢氏はその後、一流ホテル並みのラブホテル「XO」を建てたり、伝説と神秘のディスコ「キング・ムー」を総工費三五億円とも言われる資金を投じてオープンさせたりと、まさに伝説の人物だった。

札幌コマ劇場の特徴は、最新式コンピューター制御の照明設備に二つの回転ボン。そして通常は五香盤のところ、道内初の踊り子七人で七香盤を行なったことだ。楽屋も綺麗に作って踊り子のギャラを上乗せすることで、東京からトップクラスの踊り子を呼び、コロンビアやベネズエラからの金髪美女も登場させた。こけら落としには愛染恭子を出して話題を呼んだという。宣伝には三台の拡張器付宣伝カーを使い、絵看板はもとより、「札幌コマ劇場、札幌コマ劇場」と大音量でテープを流して街中を走ったというから、かなり目立ったことだろう。この様子が記憶に刻み込まれている札幌出身の友人たちは、新宿歌舞伎町の「コマ劇場」もストリップ劇場だと信じ込んでいて、「東京ではストリップショーに大物歌手が出演するのか」と驚いたそうだ。

子どもから見た大人の街

ススキノでバーを経営する宍戸和久氏に当時のススキノの様子を聞いてみた。子ども時代を一九七〇年代初頭のススキノで過ごしたという。

「僕の通っていた幼稚園は新善光寺の敷地内にあったんです。その裏通りにマノン劇場があって、

❖沼沢守…（ぬまざわ・まもる） 一九三八年生まれ。すすきのでボーイの下積みからスタートした事業家。
❖宍戸和久…（ししど・かずひさ） 一九六一年、札幌市生まれ。大学卒業後、サラリーマン生活を経て、二〇〇九年ススキノに「BARししドア」を開く。

通りで遊んでいると雑用のオジサンにからかわれたりしましたよ。コマ劇場も、友達と遊んで家に帰る通り道にあって、通りづらくなったのを覚えています。ススキノには公園がなかったので、お寺やビルの階段、屋上が遊び場でしたね。ススキノの子どもたちは商売人の家がほとんどですから、いわゆる普通の子供時代とは違うと思います。大人びているというか。性風俗や飲み屋が身近にあるわけですからね。鼻がきくようになりますよ（笑）。ちょっとワルサしようものなら親じゃなくても周りの大人に『お前ら一〇年早い！』と諭されますからね。

だけど身近にあるとそういった所にもあまり興味がなくなってくる。ストリップは、毎日宣伝カーで連呼されて観た気になっちゃうんですね。だからあまり意識したことがなかった。それにヤー

札幌コマ劇場の広告

さんと関わることがカッコ悪い、という感じがありました。ストリップ劇場の踊り子さんて、プロの匂いがしたんですよ。ヤーさんと関わっている、みたいな。だから近づいたらいけない、という意識がなんとなくあったと思います。

それとこれは特殊かもしれないけど、親が知り合いの飲み屋に連れていってくれるんです。飲むんならこういう店で飲め、遊べと。安全な店を親に仕込まれるわけです。踏みはずすなよ、と。親からすれば、好奇心で変な店に入られて問題起こすより、先手を打って、自分の目の届く範囲で遊ばせていたほうが安心する、ということなんですよね。お陰でどこへ行っても危ない雰囲気の店は避けるようになりました(笑)。

ススキノって、少し先の豊平川と市電に閉ざされた街なんです。だからいろんな欲望が渦巻いて、高まっていくんじゃないですか。気の逃げ道がないから。それと、今でも覚えているのは子どもの頃、本当に火事が多かった。いつも火がついていましたよ」

宍戸の両親が経営していた床屋があった南五条西三丁目には今ではビルが建っている。宍戸はその「ニュースススキノビル」で「BARししドア」をオープンさせ、マスターとしてカウンターに立ったのだった。「大人になってススキノに戻ってみると、街並みは変わっているものの、中身、人付き合いなどは子ども時代とほとんど変わっていない」と語ってくれた。

ススキノビル化のウラに

昭和三〇年代から四〇年代にかけて、ススキノに五、六階以上の高さを持つビルが次々と建てられていった。しかし着工までにはいくつもの難関があったそうだ。地権や借地権、住居権が複雑に入り組んでいたのだ。その背景には、札幌の建物は戦争での被害が少なかった分、古い家屋がたくさん残っていたことと、とくにススキノでは一階は店舗、二階は住居として使用される建物が多かったことがあった。その複雑さときたら、ビル化を進める関係者の間では、「とにかく焼けなきゃだめだ」「燃やしては建て、建てては燃やす」などと冗談まじりで語り合っていたほどだったという。実際、宍戸氏も語っていたように、ススキノでは火災が頻繁に起こっていた。木造家屋が密集している地なので、一軒から火が出れば類焼してしまうのだ。また、この頃は石炭から石油コンロへ切り替わった時期で、その扱いに慣れないことも火事の要因の一つであったという。

こうした事態を受けて、一九七一年(昭和四六年)、ビルオーナーたちが集まって「札幌ススキノビルヂング協会」を結成した。その目的は次のようなものである。

・火事が頻繁にあって火災保険会社の審査が通りづらいので、皆で協力して通るようにする。
・煤煙公害防止のため重油を一括購入する。
・エレベーターを共同管理する。
・警備本部を設営し、深夜の巡回をする。

3 北の楽園

時代の移り変わり

一九七五年（昭和五〇年）、「ヌード千姫」が閉館した。「札幌コマ劇場」のような最新式の劇場に太刀打ちできなかったのだろうか。その札幌コマ劇場裏手のビルに開館したのが「新宿カジノ」だ。その前からある「カジノ座」との関係はわからない。この劇場の情報はほとんどなく、短命だったと推測される。キャバレーを経営する感覚でストリップ劇場を始めてみたものの、その経営は意外に難しく、すぐに手を引かざるを得なかった、ということだったのかもしれない。この頃、「マノン座」も経営者が変わり、名称が「タヒチ座」に変更されている。

一九七六年（昭和五一年）、ストリップ劇場をススキノに浸透させたオデオン興業の前田紀元氏は、ストリップ業界から引退することを表明する。そして狸小路一丁目にあった「オデオン座」を貸し館とした。やはり初期のショー構成を知っていて、一時は上品なストリップショーを目指した前田氏にとって、過激なハダカの狂乱には耐えられないものがあったのだろうか。それともすでにストリップの終焉が見えていたのだろうか。一九七八年(昭和五三年)には「タヒチ座」が閉館。警察の取り締まりの厳しさや、税務署の追及があったのだという。劇場閉館後は〝のぞきシアター〟としてしばらくは営業していたようだ。

ディスコブームとトルコ風呂の増加

ストリップ劇場が次々と閉館していった頃、若者の間でディスコブームが起きる。ススキノには低料金で気軽に楽しめる街というイメージが定着しつつあった。ナイトクラブやキャバレーといった大人の社交場が、大小さまざまなディスコへと変わっていったのだ。それまでススキノの客層と言えば社用族や公用族だったが、学生を含めた若者が多くなり、女性客が入りやすい飲食店も増えていた。しかしその一方で、「トルコ風呂」が増えて、一九七八年(昭和五三年)には五九店舗にもなっていた。

一九八〇年(昭和五五年)には、ススキノのトルコ風呂は八〇店舗となった。公の人身売買はなくなったが、当時のトルコ嬢たちは、まだまだ薄幸な女性たちが多かった。その業界では女性がトルコ風呂に流れることを「フロに沈む」と言った。シングルマザーや借金を抱えている女性、ヤクザの情婦など、事情がある女性が覚悟をもって働く場所ということになっていた。全国的な風潮として、トルコ風呂ではハードなサービスが求められたが、ススキノではよりいっそうハードなサービスが求められた。

ところで「トルコ風呂」という名称だが、一九八四年(昭和五九年)にトルコ人留学生から「国名が汚されている」という意見が出たことを機に、全国的に廃止になっている。その後、各地で新名称が考案され、最終的に「ソープランド」で統一された。

風俗店が多くなれば、やはり街の治安は悪くなる。そこで一九八一年(昭和五六年)、住民組織による「ススキノクリーン作戦」が始まった。自主的に街を回り、自粛の呼びかけや通報などをするのだ。この活動は現在でも続いているが、これにより執拗な客引きやボッタクリ、ビラ貼り、暴力事件などが減少した。

新風営法

消えそうで消えないストリップの灯。一九八二年(昭和五七年)、南四条西二丁目に「札幌OS劇場」が開館した。二つの回転ボンがあり、外国人ダンサーが出演した。そしてもう一館、南六条西三丁目に「ススキノロマン劇場」が開館した。このロマン劇場はトップクラスの踊り子をメインとして、宣伝活動も精力的に行なって札幌コマ劇場に対抗していた。

こうしてこの時期、札幌のストリップ劇場は「札幌コマ劇場」「カジノ座」「札幌OS」「ススキノロマン劇場」の四館となったが、それもつかの間、一九八四年(昭和五九年)に「新風営法」が施行され、ススキノのストリップ劇場も他の地域と同様に衰退していくことになった。ただトクダシやマナ板ホンバンをしていればいい、という考えでは成り立たない時代がきたのだった。「カジノ座」は場内を改装することで施行後のお客離れを防ごうとした。回転ボンを設置し、照明を新しくして、名称も「DXカジノ」と変更。愛嬌のあるフィリピン人ダンサーを登場させ、お客と交流するストリップショーが人気となっていった。

一九八五年（昭和六〇年）、新風営法施行とともに改正された北海道「迷惑行為防止条例」も施行された。この条例によって客引きが禁止され、ソープランド（トルコ風呂）の新規店参入も規制された。これを受けて、条例の施行前に駆け込みで新店舗が数店オープンしたため、一九八六年にはおそらくススキノ史上最多の九三店舗ものソープランドがひしめき合い、客を取り合った。ストリップ劇場はソープランドに深夜の稼ぎ時を奪われた。ストリップ劇場にとってはビラや看板といった告知手段が絶たれたなかでの競争の激化だった。さらに、この年は〝エイズパニック〟まで起きている。

すすきのロマン劇場の広告

ソフト風俗の流行

こうした背景があって、〝ホンバン〟はナシだが〝射精〟はオッケーというソフト風俗店にスポットが当たるようになった。また、自慰行為ですませる「テレホンクラブ」や「伝言ダイヤル」「アダルトビデオ」も流行した。

女性の立場から見れば、生活のために風俗店で働きたいという人は数多くいたはずだが、実際に風俗店に連絡して面接までこぎつける人はそれほど多くなかったのではないかと思える。それほど女性にとって風俗店のハードルは高かった。「人としてその線を越えたらいけないのではないか」「一般人に戻れないのではないか」と悩んでいた女性は今よりずっと多かった。ソフト風俗店やアダルトビデオの流行は、その一線を乗り越えやすくした。「そんなに怖い世界じゃないんだ」「そのくらいなら私にもできそうだ」と思った素人女性が続々と業界に参入してきた。そしてそのような女性が多く働き始めることで、さらにその一線は乗り越えやすくなっていく。「別にホンバンするわけじゃないし、裸見せてお金もらえるならオッケー」。

一方のストリップ業界は、札幌でも厳しい状況が続いていた。「DXカジノ」は劇場を移転し、一九八九年(平成元年)、南五条西一丁目のビルの地下に「ニューカジノ」としてリニューアルオープンした。しかしその規模は縮小された。座席は少なくなり、ステージは長方形となり、トイレはビルの共同トイレ。音響・照明はともに小学校の学芸会レベル。そんなレベルを補うように、警察の目をかい潜った〝マナ板ショー〟を行なっていた。

「札幌コマ劇場」は昭和天皇崩御の後、しばらく閉館しておりなかなか開館しなかった。理由のひとつに、ビルオーナーとの契約更新がスムーズにできなかったということがあった。派手な宣伝で知られる札幌コマ劇場は、オーナーからすればソープランド以上に、目の上のタンコブ的な存在になってしまっていたのかもしれない。表向きはショーを観せる劇場だが、中身は公然猥褻。性器を露出させ、ホンバン行為を行なっているのだから。しかしストリップ劇場は公衆に裸を見せているのではない。意志を持って、お金を払って観にきている人だけに観せている。〝観たい〟と思っている人だけに観せているのだから、「公然猥褻」とは違うのではないかと私は思うのだが、警察の見解はまた違うのだろう。

一九八九年（平成元年）三月三一日、ついに「札幌コマ劇場」が一七年間の歴史に幕を下ろす。新風営法を境に関東のストリップ劇場ではアイドル作りや演目の見直し、お客を飽きさせないための香盤作りなどを模索し、生き残りの道を図っていたが、ここススキノではそれが難しかったのかもしれない。さらに遠方から呼ぶ踊り子の旅費も、負担となっていったのだろうか。「すすきのロマン劇場」もいつの間にか閉館しており、残った劇場は「ニューカジノ」一館となった。

一九九一年（平成三年）時点のススキノの風俗店は、ソープランド五二店、個室マッサージ三〇店、デートクラブ九店、テレホンクラブ一六店となった。趣向の細分化が始まり、「デブ専カフェ」などもできた。

そして世の中はバブル崩壊。景気は一気に下降し始め、ススキノは長い長い不況へと突入する。企業の週休二日制、接待自粛、交際費削減……。これらはもちろんススキノに限ったことではないが、大小さまざまなジャンルの店がひしめき合っている歓楽街・ススキノでの生き残りは本当に大変なことであったことだろう。

ストリップ新時代

そんななか、東京浅草の老舗ストリップ劇場「浅草ロック座」が札幌へ乗り込んできた。一九九四年(平成六年)七月六日、南五条西五丁目のジャパンランドビル地下一階に「ススキノマドンナ」が開館したのである。第一章で書いたように、浅草ロック座は踊り子が一人ずつ踊るいわゆるストリップのステージとは内容が違う。一回二時間のステージは、芝居のように構成されている。専属の踊り子たちは群舞で踊り、メインとなる踊り子たちを盛りたてる。この当時のメインは人気AV女優のチームショーだった。小林ひとみ❖、村上麗奈といったトップクラスのAV女優たちがそれぞれ男性を含む五人のチームを編成し、宝塚ばりの衣装をまとい、ステージ中央で華麗なショーを展開する。

ついにショー構成で勝負するストリップ劇場が札幌に登場したのである。もともとこうした劇場は札幌にストリップを定着させたオデオン興業の〝夢〟であった。あるいは札幌コマ劇場の〝夢〟でもあったかもしれない。

「ススキノマドンナ」には、AVファンやこれまでストリップを観たことがない若い層の客があふれた。一方、これを迎え撃つかたちになった「ニューカジノ」は、昔ながらの〝ふれあい〟を重視した構成を維持して、常連客を楽しませることに注力していた。やはりストリップ劇場は一つの街に二

❖**小林ひとみ**…(こばやし・ひとみ)　一九六三年、東京都生まれ。ストリッパー。AV女優。

館以上あったほうが面白い。お客にとってもそのほうがいいと思う。踊り子の好みやその日の気分によって劇場を選べるからだ。

ストリップ劇場は三六五日、一日たりとも休みはない。常にお客を回転させ、売上を上げなければ良い踊り子を乗せることはできないという厳しい商売だ。「ススキノマドンナ」が札幌にオープンした一九九四年頃は、ストリップ劇場が儲かるどころではない時代だった。踊り子のギャラは上がり続け、そのギャラや経費を支払うために劇場は必死になってお客を確保しなければならなかった。この当時、ソロベッドの安いほうのギャラでも、一〇日間一人二五万円くらいではなかったろうか（踊り子の手取りではない。踊り子の衣装代などは自前だった）。劇場の質を保つため、どのストリップ劇場も並々ならぬ努力をしていた時代であった。

札幌道頓堀劇場

一九九八年（平成一〇年）になると、ススキノのヘルス店が六〇店舗余りに増えた。ソープランドは減り、ヘルスは増加していく。裸産業に〝プロ〟が必要なくなったということなのだろう。風俗デビューする女性の年齢は年々若くなり、「フードル」といった風俗店のアイドルまで登場し出した。

一九九九年（平成一一年）、東京渋谷でアイドルストリッパーを生み出し、大成功を収めたのちに閉館を余儀なくされた「渋谷道頓堀劇場」が、劇場復活をかけてススキノにやってきた。南六条西五丁目に建てられた「道劇ビル」という名の新築のビルに入り、四月二日、「札幌道頓堀劇場」が開館した。これで三館目のストリップ劇場がススキノにできて、ストリップが活気づいてくるのだった。

札幌道頓堀劇場

東京の渋谷道頓堀劇場は地上げ絡みの問題で惜しまれつつも一九九五年（平成七年）一二月三〇日に閉館した。社長の矢野浩祐氏は、ストリップ興業が天性の仕事という、ストリップ業界で長年生きてきた人間だった。そんな矢野氏が渋谷のストリップ劇場を失い、一時憔悴《しょうすい》し切っていた。しかし立ち直りは早かった。ストリップではできなかったことをやろうと決意し、渋谷に「シアターD」というミニシアターを立ち上げたのである。「お笑いと芝居をミックスした芝居を作る」。矢野氏はストリップとともにお笑いも好きだった。浅草フランス座に負けじと渋谷道頓堀劇場でもコントを入れ、そこから有名になった芸人もいる。しかしバブル崩壊後はミニシアターでさえ観客の動員は難しかった。思いと現実が一致しないまま時が過ぎた。そんな時、「座長興行」というアイディアがわいた。九州出身の若き日の矢野氏は「太夫元《たゆうもと》（演芸の興行主のこと）」として一座を率いて旅をしていた。

その時代を思い出していたのだ。座長は道劇のトップスター清水ひとみ氏。清水氏をメインに若手・中堅・ベテランとタイプを揃え、照明や音響も道劇時代のものを持ち込んでの旅興行となった。浅草・大宮・札幌……。私も浅草・大宮に参加させてもらった。一九九八年（平成一〇年）のことだ。

旅、座長興行はまずまずの成果を上げ、なお一層ストリップ劇場への想いがつのる矢野氏。そんなとき、矢野氏の元へ電話が入った。相手は札幌でビルを持つ実業家だった。

「札幌で道頓堀劇場を復活させませんか」

その言葉は激動の人生を送ってきた矢野氏を驚かせた。一〇億円はかかるとふんでいたストリップ劇場再建の話が札幌の実業家から舞い込んできたのである。こんな不景気に自分よりはるかに若い実業家を信じていいものか。新ビルはその実業家によってすでにリフォームが進んでいた。そこ

札幌道頓堀劇場の内部

へ招かれる形で劇場をオープンしないかという話であった。

早速矢野氏は、信頼している清水ひとみ氏を連れ立って札幌のビルを見にいった。元ビジネスホテルだったそのビルは、ススキノゼロ番地の近くで風俗店街もあり、客足には何の問題もなかった。その空間を見て矢野氏の心に火がついた。

「よし勝負してやろう」

決意すると早い矢野氏は一年後のオープンに情熱を傾けた。

思えば矢野氏は北海道と縁が深かった。二二歳のとき、ストリッパーたちのマネージャー見習いとして一座に入り、旅回りを仕切り、その後そこから飛び出して、追っ手から逃れるようにしてきた北海道。道内での旅回りもし、初期のオデオン興業にも世話になり、室蘭では支配人にまでなった。そんな矢野氏ゆえに、札幌での劇場オープンに熱が入るのも当然だっただろう。

「渋谷ではできなかったことをここではやりたい。空間作り。大きい劇場でステージを作る」

ロマンを語り出すと矢野氏は饒舌になる。目は細まり、顔がほころぶ。ライバルは「ロック座マドンナ」。でも負けない自信はある。札幌道頓堀劇場では社長を清水ひとみ氏とし、矢野氏は総合プロデューサーという役割に回った。道劇ならではのコントも入れ、バラエティ豊かな舞台作りをする。そして道劇の伝統として、独自の専属踊り子を個性豊かに育てていく、ということも忘れなかった。

札幌道頓堀劇場のオープンに先立ち矢野氏は新人ダンサーを募った。しかしなかなか上手く進まない。デビューすれば取材も入り、マスコミに顔が出てしまう。そのことを恐れて踊り子となる女性がなかなか決まらなかった。それでもオープン時には二名の新人ストリッパーがステージに立ち、笑顔を振りまいていた。

私は開館から二カ月後の六月に、札幌道劇の舞台に立った。そしてできたての劇場内を見て驚いた。すべてにおいて豪華に、贅沢にできている。一階楽屋は大きなコの字形。畳は当然真新しく、化粧台前の大きな鏡が楽屋内をとても明るいものにしていた。二階には食堂と小スペースながらもレッスン場がある。賄《まかな》い付きなのでスタッフ・踊り子ともどもこの食堂でご飯を食べ、夜は酒盛り場となる。三階は半個室の宿泊ブース。一〇室はあったろうか。各個室にテレビとベッドがある。風呂は二つ。洗濯機もある。至れり尽くせりで、東京から来た踊り子は皆大喜びだ。

バックヤードでもこのように素晴らしいのである。舞台となるとさらに驚かされる。ステージの高さは六、七メートルはあろうか。照明も最新システムが揃い、音響も良い。中幕に緞帳《どんちょう》。芝居小屋並みだ。ゴンドラ、螺旋《らせん》階段。舞台裏にはモニターがあり裏方もいる。

矢野氏は、香盤変わりのときにできるダレた間が嫌いであった。お客からすれば、その間を狙ってトイレに行ったり、一服したり、帰ったりするのだが、矢野氏はそれを許さなかった。踊り子がどこから登場して、どこへ引っ込むのか、打ち合わせを必ずした。間髪を入れずに次のプログラムへ進めるためだ。お客を素に戻さないための演出だった。自分がこれぞと選んだ踊り子、香盤をすべて観てほしい――そんな気迫があった。

お客が休憩するロビーも広かった。モニター二台と神棚がある小さなカウンターもあり、コーヒーなどが飲めた。つまり、道頓堀劇場のためにすべて設えたような作りになっていたのであった。

そのビル名も「道劇ビル」。他の風俗店も二、三店舗入っていたが、正面入口に見えるのは「道劇」の大提灯。ビルのオーナーもそれほど入れ込んで道劇を支援した、ということだ。

専属コントの主任となったのは森はじめ氏❖。レオナルド熊氏❖の弟子である。森氏も、矢野氏の強い思いに惹き付けられて札幌へやってきた。

「札幌で渋谷道頓堀劇場のやり方を定着させる」

そんな矢野氏の強い思いに賛同した清水ひとみ氏と、森はじめ氏。そして部外者ではあるが、矢野氏の熱い思いにエールを送っていた私。そんな四人がこの地で酒を酌み交わした。

私から見て、ストリップ劇場で、踊り子にとってここまで使いたい放題のステージはまずない。広さ、スペースで言うなら浅草フランス座もかなり良かったが、その空間に見合った照明が足りなかった。私はこの札幌道劇のステージを活かすために、これまで作りためていた作品をすべて作り直した。矢野氏は、

「早乙女は吊りと切腹だけ見せていればいいんじゃ」

と冗談まじりに言っていたが、私は余計なシーンを省き、簡素に自分の意図した演出が伝わるようにしていった。大道具、小道具。早変わりの入りと出。エンディング。専属でもないのに裏方に手伝ってもらい、見せ方を考えた。他のストリップ劇場では考えられないことだ。劇場の従業員は裏方も手伝ってくれるが、ほかにもさまざまな仕事があり、信頼して舞台のことをお願いすることは難しいものだ。タイミングを間違えられても怒ることもできない。しかし、この道劇には裏方専門

❖森はじめ…（もり・はじめ）　コメディアン、東京演芸協会会員。一九八二年、ＮＴＶ「お笑いスター誕生」で優勝。一九八〇年、レオナルド熊に師事。一九八一年、「コントらぶこーる」結成。

❖レオナルド熊…（れおなるど・くま）　一九三五―一九九四年。コメディアン。浅草のストリップ劇場でコントコンビ「ラッキーパンチ」「コントレオナルド」で一世を風靡した。

の従業員がいるのだ。いわば舞台監督がいるようなものである。各踊り子のステージ内容を把握し、照明室とインカム連絡し、〝出ハケ〟の指示を出す。普段ひとりで何から何までやっている私はこれほどありがたいと思ったことはなかった。

このときの六月公演を皮切りに、私はその年三回、札幌道劇にきている。

少しずつではあるが、地元札幌のお客に〝道劇スタイル〟が伝わっていった。社長清水ひとみ氏は、専属踊り子たちで構成されるショーステージを演出し、メディアにも度々出た。そして道劇のストリップショーの内容が明らかになるにつれ、女性客も増え出し、踊り子志望の女性たちも現れ始めた。

またしても風営法の壁が

一九九九年(平成一一年)、風営法改正。無店舗型のいわゆる「デリバリーヘルス」などは届出制となり、ピンクチラシやポスターにはさらなる規制がかけられた。ストリップ劇場への締め付けもより厳しくなった。劇場によってはそれまで、こっそりと〝マナ板ホンバン〟をやっているところもあったが、それも難しくなっていった。

そうした状況のなかで、二〇〇〇年(平成一二年)一月、「ススキノマドンナ」が閉館。三月には「ニューカジノ」も閉館してしまう。初代のカジノ座から数えれば二九年間の歴史に幕を閉じたことになる。両館の閉館の理由はわからないが、ビルのオーナーとの契約更新がうまくいかなかったのではないかと思う。法律の施行に合わせてストリップ劇場の締め出しを図るビルオーナーは少なくない。警察が風営法の改正に合わせて圧力をかけることもあるし、オーナー自身がこれ以上ストリップ劇場と関わりたくないと思っていることもある。いずれにしろ、せっかく三つ巴で面白い競演を見せるかと思った札幌の〝ストリップ劇場〟バトルもこれでおしまいとなってしまった。またしてもススキノのストリップ劇場は一館のみとなってしまったのである。

そして街にソフト風俗店が増えてくると、再びボッタクリや強引な客引きが目立つようになった。二〇〇〇年にはソープランドは四二店舗に減ったが、ヘルス店は百数十店舗にまでなっていた。

4 一人の踊り子の舞台人生

専属踊り子藤繭ゑ

道頓堀劇場は専属のアイドルやスターを作り出していくのが得意であった。それは矢野氏の感性の豊かさによるものでもあった。いつもニコニコして愛嬌をふりまく、フリフリミニドレスの踊り子タイプばかりではなく、その個性に合わせて、アダルトだったり、アンニュイだったり、しっとり落ち着いていたりと、さまざまな雰囲気を踊り子たちにまとわせた。さらに矢野氏は、自身の期待に応えてくれる踊り子を見抜く目も持ち合わせていた。

しかし、そんな矢野氏でも札幌では苦戦した。素人にダンスレッスンを重ねて、ものになりそうなところまでいったタイミングで急に辞められたり、ドロンされたり……。まあ、このご時世に、厳しいことを言われながらもストリップの舞台に立ちたいなんていう子は相当の変人だ。舞台に立ちたければ芝居をやってもいいだろうし、ダンサーになりたければショーパブだってある。あえて人に言いづらいストリッパーになる必要はないのだ。

そんななかで一九九九年（平成一一年）一二月一日、一人の女性が道劇でデビューした。藤繭ゑ❖、弱冠二〇歳。色白でスタイルがいい。優しい顔立ちだが、その瞳はしっかりして「気」を漂わせている。

当時、看護学生だった彼女は、デートで行ったという親友からストリップを観にいくことを勧められ、ひとりで劇場に入った。ストリップという存在は知っていたものの、内容は全く知らず、レヴューショーみたいなものかな、と思っていたという。劇場の入口が綺麗で明るい雰囲気だったので、後ろめたさは一切感じず、ステージに対する期待感を抱いて入っていったという。

私はその年、一二月二一日から一〇日間出演していたので、繭ゑ嬢と道劇で会っている。彼女は臆することなく私に話しかけ、ステージ内容のことなどを聞いてきた。私は彼女が、「道劇専属」であり、清水ひとみ氏の手の中にあることを心得ながら、自分の経験やステージのことなどを話した。彼女には秘めた力があるように感じられた。これからどんどんいろいろなものを吸収して大きくなっていくだろうなと思った。

それから私たちは時折、手紙などのやり取りをするようになった。そんな経緯があって、この札幌の章ではどうしても彼女にインタビューをしたかった。

道産子・藤繭ゑインタビュー

私は繭ゑ嬢に、初めてひとりでストリップを観たとき、どう感じたかをまず聞いてみた。

❖**藤繭ゑ**…（ふじ・まゆえ） 二〇〇〇年、札幌道頓堀劇場専属デビュー。のちに藤野羽衣子（ふじの・ういこ、本名）。自主制作レーベル「分解社」を立ち上げ、絵描き・役者・歌手と幅広い活動をしている。

「ヌードになるとは思っていましたが、まさか局部まで見せているとはとビックリしました。え、いいの？　警察に捕まる！　この平成の時代にこんなことがあっていいのかって思いましたけど、日常に決してないこの空間は面白いと思いました。それにお客さんは楽しそうにしているし、ステージに立っている踊り子さんも明るいんです。犯罪の匂いは全くしなかったです」

私は、彼女の素直な感想が逆にとても新鮮に感じられた。犯罪の匂いがしない……。たしかに札幌道劇は真新しいせいか、闇の部分は全く感じられなかった。お客として道劇にきた彼女は従業員の目に止まり、声をかけられ事務所に行った。

「自分が演りたいという話をしていたわけではないのですが、いつの間にか、そのときの演目にあった清水さん演出の『キャッツ』で欠員があるから演ってみない？　という方向にいっていて。ダンスレッスンもあるから大丈夫と言われて。そのときダンスレッスンということに興味がわいて、レッスン目当てで、いいですよと返事しました。正直、レッスンだけ受けて断ろうと思ってたんです（笑）。ところがレッスン日に行くと、私の衣装が用意されていて、はい、今日からステージに立って、と有無を言わさず出されました。しまったなぁ、と思いましたが、もう帰れませんよね」

繭ゑ嬢がここで度胸の良さを見せたのは、高校生のときに演劇をやっていて、舞台慣れしていたからかもしれない。普通なら「話が違う」とさっさと帰ってしまうだろう。そして私はこの話を聞き、思わずニヤリとした。とにかくステージに上げてしまう。それが矢野氏がこれまでに苦労してきた結果として考え出された作戦だったからだ。「この子なら演ってくれる」と矢野氏のアンテナがビクッと動いたのだろう。

このときの清水ひとみ版『キャッツ』は五人チームで、大道具や衣装も作り込んでいた。ソロステージではないことも初舞台を踏むプレッシャーを軽減させただろう。そしてなにより、ミュージカルを思わせる綺麗なステージだったことが繭るゑ嬢の背中を押したのだと思う。

これ以降、繭るゑ嬢は専属となる。専属の踊り子は繭るゑ嬢を含めて二人となった。しかしその後、一人が辞めてしまったために、道劇の専属は繭るゑ嬢一人だけになってしまった。その間、清水氏は繭るゑ嬢のために、さまざまな企画を考え、ときにはほかの事務所の踊り子も交えたステージ作りをしていった。そこで繭るゑ嬢は、道劇のステージを観にいくよう勧めてくれた親友を呼び、デビューさせた。その踊り子が夢野ひなた❖嬢である。それから専属踊り子は一人、また一人と増えていった。

そして繭るゑ嬢のデビューから一年が経つと、繭るゑ嬢がオリジナルで舞台構成をするようになった。独り立ちだ。その構成は、ソロベッドの演目にしてはかなり変わっていた。風変わりな大道具、小道具。手作り布製人形。ＳＦ・宇宙っぽかったり、コメディ的であったり。可愛く、綺麗にではなく、また決してエロティックではない独創的なストーリーでオナニーショーへもっていく。まさに演劇人の舞台である。

「やっぱり宏美ねえさんの影響が大きかったです。ステージを観せてもらって、ナレーションが入る、大道具が出る。ストリップでもそんなことしていいんだ、と学びましたから。デビューしてその後にダンスレッスンはさせてもらったんですけど、私には向いていないと思いました。専属数名でのレッスンでしたけど、私だけどうしてもできないんです（笑）。だけど道劇だからこそ、踊りじゃな

❖**夢野ひなた**…（ゆめの・ひなた）二〇〇〇年、札幌道頓堀劇場専属デビュー。

くても許してもらえる。芝居構成でいく清水さんスタイルでやっていけると思っていました。だから私だけイロモノでアイドルではないんです。昭和の残された末裔のような存在だったと思っています」

社長の清水ひとみ氏は「元祖オナニークイーン」であった。その後を繭ゑ嬢が継ぎ「新オナニークイーン」としてマスコミを賑わせた。偶然ながらも作り込むタイプで似たところがある後継者に、清水氏はさぞ喜んだことだろう。

ここで繭ゑ嬢に、デビュー時にあったほかの二館のことについて聞いてみた。

『ニューカジノ』は場内に入って観ていないんですけど、入口に貼ってあるポスターのような貼り紙には、『マナ板』『天板』といった文字があり、風俗店のような雰囲気でした。プロっぽい……。

昔ながらのストリップ劇場、昭和の匂いがしました。私がずっとストリッパーをやっていて、歳をとったらこういう所に乗るのかな、と思いました。『マドンナ』は観ましたが、さすがに綺麗でした。出てくるおねえさんも皆綺麗で、お人形のよう。ファッションモデルのように動かないんです。ボンが花道からズーッと動いて出てきて、そこに綺麗なおねえさんが動かずにポーズしている、といった風でした。こういうストリップもあるんだ、と思いました

藤繭ゑ嬢（右）と早乙女のツーショット

が、私には向かないですね。もし『マドンナ』を先に観に来ていて、声をかけられても、入らなかった。断ってましたね」

道劇の新人育成法

デビュー一年ほどで、自分のキャラクターをはっきりつかんでいた繭ゑ嬢。ただ綺麗なだけでは万人を感動させることはできない。演者の内面から出る気迫が伝わらなければ人の心を動かすことはできない。これはどんな舞台人でも同じことだと思う。繭ゑ嬢はこのことを理解していた。これは彼女が演劇経験者だからだと思うが、道劇独特の新人育成法の賜物《たまもの》でもあった。道劇独自の新人育成法とは、ほかの踊り子のステージを積極的に観せるというものだ。

当時、踊り子のなかでは暗黙のうちに、ほかの踊り子のステージは見ない、というルールができあがっていた。踊り子は皆、自分自身で構成や演出・選曲・衣装などすべて考える。だからステージ構成はいわば企業秘密なのだ。ただ、仲が良く、個人的に観せてもいいと思える相手に限って、踊り子はステージを観せることがある。

「○○ちゃんのステージ、ぜひ観たいんだけど、観せてもらえる？」

「ねえさんのステージ、勉強させてください」

などと、観たい者が事前に断りを入れるのが普通なのだ。そして観たあとは、お礼と感想を述べ、場合によっては一言アドバイスを入れるのが通例である。道劇はこれを事務所命令でやっていた。社長の清水氏が新人に「今週はこの踊り子さんのステージを観るといい」とアドバイスし、相手の

札幌道頓堀劇場の楽屋風景

踊り子に「ウチの新人に勉強させてください」と一言入れるのだ。人のステージを観ることで自分のことも見えてくる。そして、ほかの踊り子に自分のステージを観てもらい、批評してもらうことも貴重な経験となるのだ。

二〇〇一年（平成一三年）六月、東京渋谷に「道頓堀劇場」が復活した。閉館してから買い手がつかないままだった元のビルと土地を札幌道劇ビルのオーナーが買い取ったのだ。開館日には長蛇の列ができた。そして専属の踊り子たちの札幌と渋谷の行き来が始まった。そのときのことを繭ゑ嬢は次のように語った。

「私はソロをやり出していましたが、チームショーの企画もあり、誰と誰が組むのか気になりました。それは嫉妬とかじゃなくて、皆で楽しそう、いいな、という思いです。皆、歳が同じくらいでしたから修学旅行気分で、子どものように無邪気でした。でも渋谷では『フツー過ぎる子が来た』『札幌のイモ』なんて言われてたんですよ（笑）」

今思い起こせば、札幌の楽屋で専属たちはいつも楽しそうだった。その日出演している踊り子は二名しかいなくても、夜になるとどこからかほかの踊り子たちが集まってきて皆でキャッキャと笑い合っていた。無邪気だな、本当に楽しいんだろうな、と私には感じられた。

矢野氏や清水氏も東京と札幌を行き来するようになり、スタッフは東京へ行く者、札幌に残る者に分断された。だから私がその年の九月に札幌へ行ったときには、スタッフの空気感に変化があった。和気あいあいとした雰囲気はなく、落ち着きがなくなっていた。矢野氏も清水氏も渋谷の復活をずっと願っていたので、その願いを叶えたいま、渋谷道劇に力を注ぐのは無理ないことではあった。しかし、皮肉にもそのせいで「札幌で道劇のお客を育てていくんだ」という矢野氏の情熱は札幌のスタッフへ伝わりづらくなり、統率力が落ちてしまったのだろう。

スタッフだけでなく、初めての東京で寮生活を送る専属の踊り子たちにも変化が見え始めた。「東京のほうがお客は多い」「場内が狭いからお客との距離が近くて好き」などと言って、渋谷道劇に乗ることを楽しみにする踊り子が増えてきたのだ。だが繭ゑ嬢は違った。

「私は札幌道劇の、あの雰囲気が好きだったんです。デビューしたところでもあるし、食堂やレッスン場で、徹夜してでも小道具を作ったり、自分のアパートへ帰らず看護学校の勉強をしたり、好きなように場所やステージを使わせてもらえた。本当に毎週楽しみだったんです。もし渋谷道劇でデビューしていたら……。これほどまでに楽しめてなかったと思います」

繭ゑ嬢のステージへかける情熱は半端ではなかった。一カ月ごとに新作を披露し続けるため、二〇日間のステージを終えたあとの一〇日間の休みで次の新作のアイディアを練った。加えて渋谷と札幌の行き来をしなければならない。その生活のストレスはやがて身体に現れ始めた。

「本当に体調が悪かったんです。ハタチそこそこなのに、動くのも辛くなって、身体がついていかなくなりました。私の問題でもありますが、劇場の方向転換というのもストレスとなりました。専属もタビへ出ることになったのです。それまでは、私たちはよその劇場へ行くことはなかった。道劇だけしか出ていなかったのですが、これが変わってしまった。

初めてソロでタビへ出て、古い楽屋で寝泊りして、虫に刺されて急性アレルギーになってしまったんです。そのときに、これからのことを考えました。ほかの皆は環境に順応していくのに私は……と。そうしたら、劇場を降りてもやりたいことがあるかもしれない、ストリップ劇場のステージでなくても、他の表現方法があるかもしれない、そう思うようになりました。もう自分にゆとりがなくなっていたんです。表現者は、夢を作ることを忘れてはいけないと思うんです。私は夢を作り続けていたい。そんな活動をしたいんです」

二〇〇二年(平成一四年)一一月三〇日。ストリッパー藤繭ゑは舞台を降りた。三年間の踊り子人生に未練はなかった。すべてをやりきったと思えた。

そして現在は札幌で、本名である藤野羽衣子の名で創作活動を続けている。活動内容は多方面に渡るが、そのひとつに「エルコラソンズ」がある。あえて時代に逆行する〝骨太昭和ロックンロール歌謡バンド〟だ。いま、藤野氏はそのボーカルとして〝夢〟を伝えている。自分の道は自分で切り開く。やはり自分のやりたいことがしっかり見えている人だった。

5 人と人の交わりを求めて

そしてススキノは

その後、札幌道頓堀劇場は客足が伸びず、スタッフを削減したり、演目に特殊系の「花電車」や「白黒ホンバンショー」（マナ板ではない）などを入れたりして試行錯誤するようになった。私が久しぶりに乗った二〇〇六年（平成一八年）には「ＳＭ大会」を開催していたが、そのときすでに二階の食堂とレッスン場はなくなっていた。翌二〇〇七年四月には職業安定法違反などで摘発され、営業停止になった。そしてなんとか二年後の二〇〇九年（平成二一年）一月には再開にこぎつけたものの、長くは続かず、結局二〇一〇年（平成二二年）に閉館した。もし、渋谷をオープンしていなければ札幌は続いていただろうか。それともやはり警察に目を付けられ、閉館に追い込まれていただろうか。それはもちろんわからないことだが、渋谷道頓堀劇場は現在も続いている。

専属踊り子や渋谷によく乗る踊り子からは、札幌を復活させたいという声が数多く上がっているという。しかし現実的には、社長やスタッフの確保が難しい。さらに道劇ビルは二階の劇場内部だけは残されているものの、ほかはすべて性風俗店となっている。新しいストリップ劇場が建てられることは二度とないだろうから、もう一度札幌でストリップショーを観るには札幌道頓堀劇場の復活しか望みはないのだが……。

札幌に移住して一〇年が過ぎた。自分のパフォーマンス活動をいろいろな場所で進めている。内容はそのときによって一人芝居的なパフォーマンスだったり、キャバレーショーだったりとさまざまだが、男性よりも多い女性のお客様から「こういうショーをもっと観たい」という感想をいただく。ススキノにはショーパブやポールダンスはあるものの「セクシーショー」として観せるものは少ないそうだ。ストリップショーと言えども、ストリップ劇場でのショーにとらわれず、自由な発想でステージを作ればまだまだやっていけるはず――そう考える私は浅はかだろうか。警察とのイタチごっこを卒業し、見えそうで見えない昔のストリップをやっていくのはどうだろうか。お客様は局部が見えないからといって帰るわけではないだろう(もちろん見たいのだろうが)。お客がもっとその先に進みたいと思えば風俗店がある。ストリップ劇場と風俗店は似て非なるもの。本州を離れた北海道、札幌だからこそ、新しいストリップができるのではないかとも思う。

――藤野羽衣子のススキノ

ススキノの街の印象を、藤野羽衣子に聞いてみた。

「大好きな街です。風俗店も多くありますが、後ろめたさというか、暗さがないんですよ。皆ゴキゲンな雰囲気。あー、皆この街が好きで、ここに集まってやっているんだよね、って感じるんです」

新しいビルも次々と建ち、ススキノの街は今きれいで健全なイメージである。夜になるとあちこちで楽しげな宴が始まる。裏通りは相変わらず客引きがたむろし、「お兄さん、一万円で遊べるよ」なんて声が聞こえてくるが。大きな看板は「風俗案内所」の店舗。風俗店を含め、飲食店もビルの中にあり、ある意味整理された街になったススキノ。昔ながらのソープランドも少なくなったが、まだ健全な営業を続けている。何か面白いことが起きないかなぁと思いながらそんなススキノを散歩をする私は、ススキノに期待と夢をふくらませている。

ススキノは元遊廓地だった。だからこそ、今があると言える。「遊廓」のことは、これからも語り継いでいかなければならない。苦しい、哀しい歴史かもしれない。事実をきちんと記しておかなければ、この地で亡くなった人びとも報われない。

私が感じたススキノ

私が北海道に住みたいと思った理由の一つに〝人柄〟がある。東京で出会った友人のなかに北海道出身者が多くいて、皆、温和ないい人たちだった。人懐っこく、フレンドリー。だけど深入りしてこない。その距離感が私にとってはとても心地よいものだった。そんな彼らを育てた北海道という地はいったいどんなところだろうか――。

そして実際にこちらに来てみて思った。ススキノでお客をもてなす人びとには、ただのビジネスライクではない、何か引きつけられる魅力や温かさがある。その〝人の温かさ〟がこの街をほかの街とは違う「ススキノ」という唯一無二の歓楽街としてのブランドを築き上げたように感じる。

ススキノの街は〝交わること〟を中心にまわってきたのではないか。遊廓からソープランドへ。そこにはまさに肉体的な交わりがあったし、バーやクラブ、キャバレーなどでは人と人の精神的な交わりがあった。街の作りや雰囲気は新宿歌舞伎町に似ているけれど、それ以上の規模でススキノには交わることへの欲望が絡み合っているように感じる。

ソープランドに対してのネットへの書き込みに比べて、ススキノのストリップに対するネットの書き込みが極端に少ないのも、そこからきているのかもしれない。ストリップ劇場の基本は〝観る〟だけで、そこには交わりがない。だから、ひやかしがてらに劇場に観にいく人はいても、いわゆる〝ストリップファン〟は実は少なかったのではないかと思う。もう少し宣伝媒体が充実していて、地元の踊り子もいれば、別の結果があったかもしれないが。

とにもかくにも、ススキノのストリップ劇場の情報はなかなか手に入らない。ススキノにストリップ劇場が六館あった時代のことをよく知る地元のススキノストリップファンがいたら、いつかゆっくりそのお話を聞いてみたい。

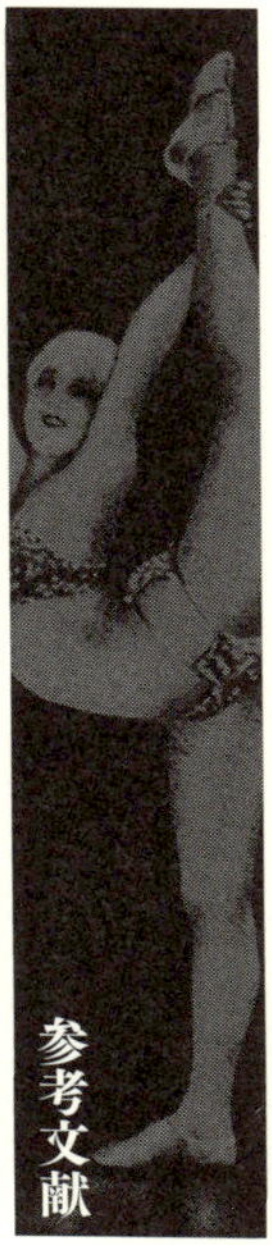

参考文献

第一章　浅草

・『浅草芸能伝』(浅草の会)
・『土地の記憶　浅草』山田太一編(岩波現代文庫)
・『ぼくの浅草案内』小沢昭一(ちくま文庫)
・『喜劇役者たち』井上ひさし(講談社文庫)
・『フランス座の時間』井上ひさし・こまつ座編著(NESCO)
・『ぼくのジプシー・ローズ』原芳市(晩聲社)
・『ヌードさん』橋本与志夫(筑摩書房)
・『楽屋ばなし』田中小実昌(文藝春秋)
・『吉原酔狂ぐらし』吉村平吉(三一書房)
・『浅草のみだおれ』吉村平吉(三一書房)
・『浅草行進曲』広岡敬一(講談社)
・『戦後性風俗大系　わが女神たち』広岡敬一(小学館文庫)
・『浅草キッド』ビートたけし(新潮文庫)
・『浅草六区はいつもモダンだった』雑喉潤(朝日新聞社)
・『伊藤晴雨写真帖』(フォトミュゼ)
・『ニッポン裸舞界』写真・監修中谷陽(インテリジェンス社)
・『ヌードダンサー』写真・中野基(ミリオン出版)
・『詳説日本史図録第五版』(山川出版)

第二章　新宿

・『新宿うら町おもてまち』野村敏雄（朝日新聞社）
・『新宿考現学』深作光貞（角川書店）
・『江戸・東京・街の履歴書3』班目文雄（原書房）
・『新宿区の民族』（新宿歴史博物館）
・『キネマの楽しみ　新宿武蔵野館の黄金時代』（新宿歴史博物館）
・『地図で見る新宿区の移り変わり　淀橋・大久保』
・『新宿ムーラン・ルージュ』窪田篤人（六興出版）
・『わが町・新宿』田辺茂一（旺文社文庫）
・『ストリップのある街』原芳市（自由国民社）
・『さらばストリップ屋』川上譲治（朝日新聞社）
・『すとりっぷ小屋に愛をこめて』川上譲治（人間社文庫）
・『ストリップ血風録　道頓堀劇場主矢野浩祐伝』日名子暁（幻冬舎アウトロー文庫）
・『散歩の達人』一九九六年一一月号（弘済出版社）
・『スタジオ・ボイス』一九九八年九月号（インファンス）

第三章　船橋

・『船橋繁華街形成史』天下井恵（船橋歴史情報ネットワーク）
・『私のための芸能史』小沢昭一（新潮文庫）
・『ストリップ全解』（大洋図書）

第四章　札幌

・さっぽろ文庫25『札幌の演劇』札幌市教育委員会編（北海道新聞社）
・さっぽろ文庫36『狸小路』札幌市教育委員会編（北海道新聞社）
・さっぽろ文庫78『老舗と界隈』札幌市教育委員会編（北海道新聞社）
・さっぽろ文庫87『すすきの』札幌市教育委員会編（北海道新聞社）
・『ものいわぬ娼妓たち　札幌遊廓秘話』谷川美津枝（みやま書房）
・『リアルタイム「北海道の50年」すすきの風俗編　上下』（財界さっぽろ）
・『白石歴史ものがたり』札幌市白石区老人クラブ連合会
・『メガ歓楽街ススキノ発展小史　それは官設「薄野遊廓」から始まった』
2015冬　BOOKlet NO19（札幌市政研究所）
・『すすきの千一夜物語　ネオン川の人生流転史』薄豊明（日本興業）
・『札幌夫人』吉行淳之介（集英社文庫）
・『ストリップ血風録　道頓堀劇場主矢野浩祐伝』日名子暁（幻冬舎アウトロー文庫）

SNS

・「劇場辞典」
・「@劇ジェロNow――全国優良劇場ガイド」

＊重複している書籍は割愛
＊順不同

年表

年代	ストリップ史	風俗史
一六五六（明暦二）年		日本橋にあった「元吉原」が「新吉原」として浅草へ移転
一六九八（元禄一一）年		「内藤新宿」が開設されるも風紀の乱れから取り壊しになる
一七〇二（元禄一五）年		12月、赤穂浪士事件。現・千葉県、船橋遊女旅籠屋の始まり（九日市村）
一七七二（安永元）年		「内藤新宿」復興。一五〇人の飯盛女（枕女中）を幕府が許可し、遊廓ができる
一七七六（安永五）年		浅草寺境内およびその奥山で、芝居や見世物の出店が盛んになる
一七九九（寛政一一）年		幕府、東蝦夷地を直轄地とする
一八〇七（文化四）年		幕府、全蝦夷地を直轄地とする
一八〇九（文化六）年		樺太が北蝦夷地と改称される
一八四二（天保一三）年		江戸歌舞伎「猿若座」浅草へ移る
一八六八（明治元）年		江戸から東京へ改称
一八六九（明治二）年		蝦夷地から北海道へ改称。札幌ススキノ地区（まだ地名はない）で出稼ぎ人のための宿屋が繁盛する
一八七〇（明治三）年		札幌定住者一三名
一八七一（明治四）年		札幌、ススキノで遊廓誕生。ススキノ初の芝居小屋「秋山座」開館
一八七二（明治五）年		太陰暦（旧暦）廃止、太陽暦（グレゴリオ暦）となる。ススキノ遊廓数三三軒になる。札幌定住者九六〇名
一八七三（明治六）年		札幌、芝居小屋「東座」開館。その後この地区は「狸小路」と命名
一八七五（明治八）年		北海道、最初の屯田兵入植。九六五名
一八七六（明治九）年		廃刀令。札幌農学校開校

一八八四（明治一七）年	浅草寺境内の「浅草公園」が六区に分割される。これにより「六区」に興行が集中
一八九一（明治二四）年	浅草、川上音二郎一座公演。オッペケペー節大当たり
一九〇三（明治三六）年	浅草、初の映画館「電気館」開館。新宿に市街電車通る（新宿追分から四谷見附）
一九一二（大正元）年	札幌、初の映画専門館「神田館」開館
一九一三（大正二）年	島村抱月、松井須磨子「芸術座」結成（新劇）
一九一五（大正四）年	新宿、初の映画館「新宿館」が開館
一九一七（大正六）年	雑誌『主婦之友』創刊。沢田正二郎「新国劇」結成。浅草オペラ開始
一九一八（大正七）年	札幌、中島公園で北海道開道五〇周年記念博覧会開催
一九一九（大正八）年	船橋、現・中山競馬移転してくる
一九二〇（大正九）年	新宿、映画館「武蔵野館」開館（客席七〇〇席）。これを皮切りに新宿東口一帯にかけて、昭和初期までに一二館の映画館が開館。札幌、ススキノから遊廓地が移転し、白石遊廓が誕生
一九二二（大正一一）年	新宿、女郎屋が強制的に「新宿二丁目」へ移動させられる（五三軒、六三六名の娼妓）
一九二三（大正一二）年	9月1日、関東大震災。これにより東京の娼妓業者が船橋に流れてくる
一九二八（昭和三）年	船橋、目抜き通りから港近くの「新地」へ娼妓街が移転。地元の貸座敷業者は廃業
一九二九（昭和四）年	7月、榎本健一（エノケン）らが浅草水族館で「カジノ・フォーリー」を発足。12月、作家川端康成の新聞小説「浅草紅団」が人気
一九三〇（昭和五）年	榎本健一が「プペ・ダンサント」を発足。浅草六区にある映画館は一六館。常設劇場は六館

年代	ストリップ史	風俗史
一九三二（昭和七）年		新宿、日活映画の「帝都座」が開館。新宿、「ムーラン・ルージュ」が軽演劇場として開館
一九三三（昭和八）年		古川ロッパ発案の「笑の王国」設立
一九三五（昭和一〇）年		川田義雄、坊屋三郎、益田喜頓らが「あきれたぼういず」結成
一九三六（昭和一一）年		2月、二・二六事件
一九三七（昭和一二）年		7月、盧溝橋事件（日中戦争始まる）
一九四一（昭和一六）年		12月、真珠湾攻撃（太平洋戦争始まる）
一九四四（昭和一九）年		3月、決戦非常措置要綱により松竹歌劇団解散。強制疎開のため浅草六区の映画館などの木造劇場が取り壊される
一九四五（昭和二〇）年		3月、東京大空襲。下町のほとんどが焼失。浅草観音堂全焼。新宿も壊滅状態となる。4月、沖縄戦。浅草に残った数館は焼け残った機材を持ち寄り、上映開始。5月、新宿復興に向け動き出す。露天、闇市一気に広まる。七月までに浅草では一四館が復活し六万七〇〇〇人を動員。8月6日、広島に原爆投下。8月8日、ソ連参戦。8月9日、長崎に原爆投下。8月15日、ポツダム宣言受諾。終戦。8月27日、進駐軍専用慰安所開設。札幌、白石遊廓休業。10月5日、札幌、アメリカ兵進駐。ススキノではアメリカ兵のために飲食店が開店。ススキノ地区の外れで「ツブ焼き屋台」が登場。札幌、狸小路で闇市が広まる
一九四六（昭和二一）年		2月20日、GHQが公娼制度の廃止を命令し、公の「遊廓」がなくなる。3月1日、遊廓は「特殊カフェ」「特殊喫茶」として再開。11月12日、「赤線」「青線」ができる。5月、極東国際軍事裁判開始。9月、炭鉱闘争始まる
一九四七（昭和二二）年	1月1日、新宿「帝都座五階劇場」開館。初のストリップといわれる「額縁ショウ」が登場。2月、浅草常盤座にて「森川信一座」劇中に裸シーンを取り入れる。8月1日、「帝都座五階劇場」にて劇団空気座「肉体の門」上演。大	4月8日、新宿ムーラン・ルージュ再開。5月3日、日本国憲法施行。7月1日、浅草吉原、元遊廓は「特殊飲食店」に改称。遊女の名称が女給に変更される。札幌、狸小路で進駐軍専用キャバレー「グランドパレス」が開店。ヌードダンスショウ始まる

入り満員だが自殺者がでる。8月15日、浅草初、ストリップ専門劇場「ロック座」開館（客席四五〇席、入場料七〇円）。8月下旬、ロック座で劇団「空気座」「肉体の門」公演。大入り満員。五カ月の連続公演

一九四八（昭和二三）年

2月、新宿「帝都座五階劇場」で額縁から「ドガの踊り子」が飛び出し踊りだした。2月、浅草常盤座で踊り子ヘレン滝、ブランコに乗って客の頭上へ飛び出したりして登場。演出担当の正邦乙彦、今後このようなショーを「ストリップショウ」と名付けると声明。「ストリップ」という単語が生まれる。2月18日、浅草公園内仮設劇場にて全裸ショウ検挙。6月2日、浅草常盤座、支配人や踊り子ヘレン滝ら、猥褻物陳列罪で検挙。10月2日、「帝都座五階劇場」閉館。全館が映画館に。踊り子の股間、三角形の小さな布の名称が「オマアテ」から「バタフライ」へ

1月、帝銀事件。インドでガンジー暗殺。新宿、「歌舞伎町」の名称決定。札幌、白石遊廓地、赤線として復活

一九四九（昭和二四）年

3月18日、「新宿セントラル劇場」開館。額縁ショウ復活。4月、浅草、映画館「浅草座」ストリップ館に転向。作家永井荷風、浅草大都座、ロック座のストリップ興行に台本を書く。グラインドの女王「ジプシー・ローズ」こと「ローズ・マリー」デビュー。10月28日、「新宿セントラル劇場」に二〇名程のストリッパーが登場。11月13日、新宿セントラル劇場「ミスセントラル」の人気投票。吾妻京子、グレース松原が東西両横綱

6月、新宿ムーラン・ルージュにもストリップダンサーが登場。7月、下山事件、三鷹事件。8月、松川事件。10月、中華人民共和国樹立。ヒロポン流行。新宿二丁目赤線地区、チョンの間三〇〇円、学生二〇〇円

年代	ストリップ史	風俗史
一九五〇（昭和二五）年	浅草「国際小劇場」が「国際セントラル劇場」と改称、ストリップ館に。浅草ではストリップブーム。3月10日、「新宿セントラル劇場」を警視庁保安課風紀係が検挙。ヒロセ元美のファンダンスが猥褻物陳列罪に。6月、浅草「国際セントラル劇場」、客席天井上にレールを這わせ、ワゴンに乗せたストリッパーを走らせる。浅草「浅草座」開館（客席六八席、四〇円）。ストリッパー主演の映画が公開される。9月、浅草「浅草小劇場」開館。10月、「浅草座」でストリッパー研究生、初公募。集まったのはＯＬなど八名。「新宿セントラル劇場」全身ダイヤ粉を塗ったストリップ登場。「新宿セントラル劇場」に新人ストリッパー増える。ストリップの珍タイトル増える。12月、「浅草座」で「ハダカ忠臣蔵」上演（入場料四〇円）	3月1日、新宿ムーラン・ルージュに関西から七名のストリッパーが投入される。7月、朝鮮戦争勃発。ＧＨＱによるレッドパージ始まる。女剣劇の浅香光代、浅草松竹演劇場に進出して成功。女剣劇ブームのきっかけとなる。全国に二〇座の剣劇一座ができる。船橋、船橋競馬場開設。オートレース場開設
一九五一（昭和二六）年	2月25日、「浅草小劇場」が「浅草ショウ劇場」と改称。4月、浅草座で「ストリップ・ボクシング」上演。警視庁保安課「キャバレー、カフェーでのストリップショウを禁止」と通達。10月、浅草ロック座に関西より「日舞浮世絵ショウ」お目見え。10月18日、「浅草フランス座」開館。ロック座の姉妹館。入場料一〇〇円。11月25日、浅草ショウ劇場、「美人座」と改称。太鼓橋、円形張り出し舞台（ボン）、梯子など新設備を設置。浅草「美人座」、風呂桶ショウ上演。大人気となる。12月1日、浅草「国際セントラル劇場」閉館	6月、サンフランシスコ講和条約・日米安全保障条約調印。5月30日、新宿、ムーラン・ルージュ閉館、解散。エノケン一座、会社組織を解散。女剣劇ブーム。札幌、ススキノではキャバレー時代突入。ラジオの民間放送開始
	1月、浅草、映画館「テアトル浅草」が実演劇場となる。3月1日、「テアトル浅草」改装「公園劇場」と改称。3月2日、「新宿セントラル	

一九五二（昭和二七）年	劇場」ブタペストの外人ストリッパー登場。東京のストリップ、一四館。半数ほどが浅草六区にある。ストリップ劇場御三家、伊吹マリ、ヒロセ元美、メリー松原らが揃って「ストリップ廃業宣言」を発表し、日劇ミュージックホールへ入る。7月23日、浅草美人座の階上に「ロマンス劇場」開館。定員九六名。8月、新宿に二館目となるストリップ劇場「新宿フランス座」開館（東洋興行系）。10月、浅草「百万弗劇場」ストリップを廃業し、民謡ショウに転向。11月23日、浅草大勝館地下に「カジノ座」開館（定員一〇〇名）	5月、血のメーデー事件。日劇ミュージックホール開館。大成功を収める。札幌、ススキノで「トルコセンター」開店。性的サービスはなし。ススキノ、第一次キャバレー時代
一九五三（昭和二八）年	上演タイトルに、珍タイトルが流行。3月、浅草「ロマンス劇場」閉館。。劇場名に「ミュージックホール」が流行。10月3日、「浅草座」が早稲田大学演劇博物館にバタフライなど衣装を寄贈。裸ショウの踊り子、出演料はうなぎ上り月一万五〇〇〇円（普通ショウの踊り子月八〇〇〇円）	2月、NHKの本格放送開始。3月23日、札幌市「風紀取締条例」施行。札幌青線地区の売春婦約二九二名。全国の赤線女性二四万五〇〇〇人。浅草フランス座に渥美清入る
一九五四（昭和二九）年	警察の取り締まり強化。グラインドやヴァンプの禁止。3月、浅草「公園劇場」ストリッパーストライキ。東洋興行系のストリッパー、解雇目立つ。9月28日、「新宿セントラル劇場」出火。解散へ。11月18日、浅草「美人座」閉館。東京のストリップ劇場七館に減る。札幌、狸小路初のストリップ劇場「美人座」開館	3月、ビキニ水爆実験で第五福竜丸が被爆。9月、洞爺丸台風。新宿歌舞伎町、東亜興行は巨大ビルを建て、映画館、ダンスホール、グランドキャバレーを開館させる
一九五五（昭和三〇）年	5月31日、浅草「公園劇場」女剣劇館に転向	5月、砂川闘争。8月、森永ヒ素ミルク事件。千葉県船橋、「船橋ヘルスセンター」開店。家庭電化製品普及。洗濯機、冷蔵庫、白黒テレビ。この頃、札幌、ススキノ界隈の料亭三〇軒以上
一九五六（昭和三一）年	7月、浅草「公園劇場」映画館へ転向「浅草アンコール劇場」と改称。「新宿フランス座」文芸部解散。踊り子の自殺増える	5月、売春防止法成立。東京湾、船橋界隈の大規模な埋め立て開始。11月、北海道に冷害と凶漁が起こり人身売買が多発。12月28日、新宿歌舞伎町の中央「コマ劇場」開館。ミュージカル、歌謡ショーの殿堂となる

年代	ストリップ史	風俗史
一九五七（昭和三二）年	7月、「新宿フランス座」大阪ストリップが登場。11月、新宿フランス座は「新宿ミュージックホール」と改称	札幌、ススキノに「ススキノゼロ番地」開業
一九五八（昭和三三）年	関西ストリップ「全スト」が関東に流れてくる。10月、花魁ショーにロマンス・チャコの名で浅草駒太夫デビュー	4月1日、売春防止法施行。赤線地区も廃止。東京のトルコ風呂三三軒（入浴料七〇〇円）。新宿二丁目「ヌードスタジオ」登場。船橋「新地」には七二軒の貸座敷業。新地も閉鎖となるが「チョンの間」として残る。札幌、ツブ焼き屋台は撤去となるも「ツブ焼き団地」として残る。インスタントラーメン発売
一九五九（昭和三四）年	浅草フランス座、五階建てのビルを新築。萩本欽一入る	1月、キューバ革命。4月、皇太子ご成婚式。9月、伊勢湾台風。4月1日「風俗取締法」第一号が施行。トルコ風呂でマル秘サービス「スペシャル」定着
一九六〇（昭和三五）年	全スト流行。警察とのイタチごっこ始まる。札幌、「札幌ミュージックホール」開館。オーナーオデオン興業	5月、安保闘争。10月、社会党浅沼委員長、右翼少年に刺殺される。南ベトナム解放民族戦線結成。テレビの普及。フジテレビ「ピンクムードショウ」放映。日劇ミュージックホールのダンサー登場。浅草六区の賑わいは下降しだし、映画館や劇場が遊技場へ転向しだす。ラブホテル開業ラッシュ
一九六一（昭和三六）年	3月1日、千葉県初のストリップ劇場、船橋「若松劇場」開館。全ストを取り入れる。3月24日、浅草六区、ストリップ劇場の絵看板、写真一八点が警視庁保安課によって押収。9月1日、新宿「内外ニュース」開館、ピンク映画とストリップを行なう	2月、嶋中事件。東京湾の水質悪化により船橋界隈の漁師、漁業権放棄が進む。埋め立ても続行中。東京のトルコ風呂八二軒
一九六二（昭和三七）年		10月、キューバ危機。千葉栄町、トルコ風呂第一号店開店。吉行淳之介『札幌夫人』発表
一九六三（昭和三八）年	残酷ショー開祖、ローズ秋山夫妻大人気。蝋燭ショー一条さゆり、愛知県で初検挙	石川県で日本初「モーテル」開業。新宿から市電なくなる
一九六四（昭和三九）年	8月、浅草フランス座改装、「浅草演芸ホール」ができる	東京オリンピック開催。ラブホテルの特殊ベッド考案される。

一九六五（昭和四〇）年	7月1日、船橋「淀君」開館。「新宿ミュージックホール」閉館。12月20日、船橋「大宝」ピンク映画女優来演	4月、ベ平連が初のデモ行進。6月、日韓基本条約調印。11月、中国で文化大革命。新宿ではアンダーグラウンド（アングラ）文化が始まる。社用族天国、東京銀座隆盛。全国的に超ミニスカートが流行。浅草吉原、トルコ風呂四三軒、都内では一〇二軒
一九六六（昭和四一）年	ストリップ専門誌『ヌードインテリジェンス』大阪で発行。編集長中谷陽	6月、ビートルズ来日。風営法一部改正。トルコ風呂の新設が規制。マッサージ売春増加。
一九六七（昭和四二）年	7月20日、伝説の踊り子ジプシー・ローズ死去。10月、新宿二丁目「新宿モダンアート」開館。11月21日、新宿歌舞伎町二丁目「ミカサ劇場」開館。お座敷ストリップ流行。レスビアンショーの女王、桐かおるデビュー	羽田空港闘争（第一次羽田事件）。寺山修司「天井桟敷」アートシアター新宿文化にて公演。好景気でネオン街も大盛況
一九六八（昭和四三）年		三里塚闘争始まる。厚生省が熊本県水俣病を有機水銀中毒と認定。日大闘争が始まる。この年、一一〇校に大学紛争拡大。12月、東京・府中で三億円事件。ゴーゴー喫茶登場。新宿東口にヒッピー族、フーテンたむろ
一九六九（昭和四四）年	4月13日、船橋市日の出町「仮設ストリップ劇場」開館。6月11日、船橋「西船ミュージック劇場」開館。6月21日、船橋「淀君」改称「千成ミュージック劇場」となる。千葉駅栄町のストリップ劇場「蘇州劇場」「さかえ座」あり。12月21日、札幌「ヌード劇場フランス座」開館（客席六四席）	1月、東大安田講堂攻防戦。映画『新宿泥棒日記』公開。監督大島渚。映画『薔薇の葬列』公開。監督松本俊夫。大人のオモチャ普及。トルコ嬢の考案で「泡踊り」テクニック登場。東京、ピンサロに「花ビラ回転」サービス登場
一九七〇（昭和四五）年	東洋興行「浅草ロック座」を東興行に引き渡す。社長は元踊り子、斎藤智恵子。10月、浅草「カジノ座」閉館。札幌オデオン興業、新ヌード劇場のため「新人オーディション」開催。札幌での応募者二名	3月、大阪万博開催。6月、日米安保条約自動延長。作家三島由紀夫割腹自殺

年代	ストリップ史	風俗史
一九七一（昭和四六）年	1月11日、船橋「西船ＯＳ劇場」開館。6月13日、札幌「マノン座」開館。8月21日、札幌「カジノ座」開館。10月1日、船橋「大宝」外人レス＆オールレスビアン大会開催。浅草「大勝館」閉館。ボウリング場に。浅草のストリップ劇場は三館になる	6月、沖縄返還協定調印。カラーテレビ全盛時代。映画『書を捨てよ町へ出よう』公開。監督寺山修司。新宿初の超高層ビル「京王プラザホテル」オープン。ゲイの雑誌『薔薇族』発刊。札幌ススキノに東京のマンモスキャバレー「クラブハイツ」がオープン。ホステス常時三六〇人。ススキノのトルコ風呂が「二輪車」テクニックを開発。東京銀座「マクドナルド」一号店オープン
一九七二（昭和四七）年	ストリップ専門誌『芸報ジャーナル』発刊、編集長佐山淳。蝋燭ショーの一条さゆり引退。検挙数九回。浅草フランス座、座長深見千三郎が仕切る	2月、あさま山荘事件。9月、日中国交回復。新宿三丁目「ヤプーの館」オープン。マゾ男性のための店。レズビアン機関誌『若草の会』発刊。全国のトルコ風呂一〇〇〇軒。フルサービス定着。サービス料一万五〇〇〇円。ビニール本（ビニ本）出版。情報誌『ぴあ』創刊。札幌ススキノのキャバレー、ナイトクラブで演奏するミュージシャン最多の七〇〇名程
一九七三（昭和四八）年	1月1日、船橋「大宝」黒人ヌードヘレン・ハリス・天狗レス開催。7月11日、船橋「若松劇場」桐かおる・四人Ｗレスビアン開催。12月1日、船橋「西船ＯＳ劇場」強烈・二大天狗レスショー開催。北野武、浅草フランス座の舞台に立つ	8月、金大中事件。10月、石油危機。大人のオモチャに電動式導入
一九七四（昭和四九）年	4月25日、千葉駅「千葉ロマンス座」開館。5月1日、千葉駅「栄ロマンス座」開館。千葉駅「別世界」劇場あり。6月11日、千葉県「木更津別世界劇場」開館。経営桐かおる。関西ストリップは「獣姦ショー」「マナ板ホンバンショー」が登場。全国のストリップ二〇〇軒。札幌「大宝劇場」開館。札幌「コマ劇場」開館。札幌「札幌ミュージックホール」閉館。札幌「美人座」閉館	8月、企業連続爆破事件。札幌ススキノへ東京赤坂のグランドキャバレー「ミカド」が進出。専属のタレントを抱える。ススキノピンクキャバレー「ハワイ」開店。映画『エマニュエル夫人』大ヒット。大半が女性客。コンビニエンスストア「セブンイレブン」東京江東区に一号店オープン
一九七五（昭和五〇）年	5月1日、船橋「千成ミュージック劇場」改称「船橋キング劇場」。5月8日、「新宿ＯＳ劇場」手入れ。照明係、踊り子逮捕。10月1日、船橋キング劇場「獣姦ショー」開催。12月1日、千	4月、ベトナム戦争終わる。7月、沖縄海洋博開催。新宿、ホンバンサービスのピンクサロン激増。東京銀座は不況の嵐。ホステスの死活問題化。転向先にトルコ風呂が多い

	葉県「木更津別世界劇場」に応援のため一条さゆりステージに立つ。札幌「ヌード千姫劇場」閉館	
一九七六（昭和五一）年	札幌のストリップ界を牽引してきたオデオン興業、ストリップ界から去る	6月、ベトナム社会主義共和国樹立。7月、ロッキード事件。新宿周辺のパンマ売春、マッサージ置屋一二軒検挙。歌手克己しげる、愛人のトルコ嬢殺害事件。札幌ススキノ、本格派ディスコ「釈迦曼陀羅」オープン
一九七七（昭和五二）年	5月21日、新宿歌舞伎町に「TSミュージック劇場」開館。6月11日、新宿「新宿ショー劇場」開館。8月11日、船橋、西船OS劇場、「ヌード太平洋戦争」外人一〇カ国一〇名、日本人二五名出演。10月11日、新宿元ムーラン・ルージュのあったビル五階「新宿ミュージック」開館。12月1日、西船OS劇場「世界一ヌード決定戦」外人八名、日本人三〇数名出演	9月、日本赤軍が日航機をハイジャック。東南アジア系女性の出稼ぎ「じゃぱゆきさん」ブーム
一九七八（昭和五三）年	3月1日、「船橋キング劇場」から改称した「船橋ハリウッド劇場」関西マル本生板ショー開催。札幌、マノン座から改称した「タヒチ座」閉館。警視庁の取り締まり強化。ホンバンショーなどで一二六軒を検挙	5月、新東京国際空港、成田に開港。札幌ススキノ、トルコ風呂五九店舗。ススキノ観光協会設立
一九七九（昭和五四）年	4月20日、千葉県「木更津別世界劇場」閉館。11月1日、船橋「若松劇場」生板ショー	東京六本木、全室SM部屋のラブホテル「アルファイン」オープン。ソニー「ウォークマン」発売
一九八〇（昭和五五）年	新宿「モダンアート」劇場ではジョージ川上がアングラダンサーを仕込み、にわか「残酷ショー」チームが登場。巷で話題になった残酷ショー「ミスター団」軍団、浅草ロック座のステージへ	3月、アメリカ・スリーマイル島原発事故。10月、韓国・朴正煕大統領暗殺。ゲイ売春社会問題に。新宿、ディスコブーム。札幌ススキノ、トルコ風呂八〇店舗
一九八一（昭和五六）年	ジョージ川上「ポラロイドショー」生み出す。12月11日、船橋「西船OS劇場」愛染恭子登場	イラン・イラクが全面戦争。新風俗、ノーパン喫茶、ヘルス、マントル、デートクラブなど出始める。ビニ本やウラ本人気。全国のトルコ風呂一五八一軒。接待トルコブーム。船橋ヘルスセンター跡に「ららぽーと」オープン。札幌ススキノ「ススキノクリーン作戦」開始

年代	ストリップ史	風俗史
一九八二（昭和五七）年	1月6日、新宿歌舞伎町、ミカサ劇場の跡地に「歌舞伎町ミュージック」開館。3月1日、新宿ゴールデン街入口「新宿ニューアート」開館。6月11日「船橋ハリウッド劇場」残酷獣姦ショー、山羊登場。毎週土曜はオールナイト興行が一般的であった。「浅草フランス座」閉館。12月31日をもって新宿「歌舞伎町ミュージック」が「DX歌舞伎町劇場」と改称。札幌「札幌OS劇場」開館。札幌「ススキノロマン劇場」開館	2月、東京・ホテルニュージャパンで大火。日航機が羽田沖で墜落。浅草の「国際劇場」閉館。それに伴い拠点としていた「松竹歌劇団」（SKD）も終演。ロリコン写真集人気。新宿東口三愛ビル地下二階、ポルノデパート「ファイブドアーズ」開店。テレビ取材多し。愛人バンク「夕ぐれ族」発足。ホンバン映画『白日夢』公開。主演愛染恭子人気となる
一九八三（昭和五八）年	1月1日、新宿「TSミュージック劇場」、泡トルコ外人&日本美女ハードコアショー。2月1日、新宿「DX歌舞伎町劇場」、女と女の残酷ショー。8月21日、渋谷「渋谷道頓堀劇場」にて美加まどかポラロイドショー。「浅草ロック座」閉館	5月、日本海中部地震。新宿にて、ホスト集団「ジゴロ」ブーム。早朝トルコ大当たり。浅草吉原のトルコにアラン・ドロンが来日記念入浴
一九八四（昭和五九）年	12月「浅草ロック座」新規開館。コンピューター制御の照明機材投入。風営法対策として、都内の劇場は専属スターを生み出す。新宿「モダンアート」では局部の露出禁止のお達し。札幌「カジノ座」場内改装「DXカジノ」と改称	3月24日、日劇ミュージックホール閉館、三二年の歴史に幕。8月14日、新風俗営業法設立。ラブホテルの特殊ベッド（回転ベッドなど）の禁止、風俗店は午前〇時までの営業、ストリップ劇場の立看板禁止など、風俗店にとって大打撃となる。「トルコ風呂」の名称が禁止となり「ソープランド」に。新宿歌舞伎町、ファッションヘルス「アメリカンクリスタル」人気。料金一万二〇〇〇円。ビデオの普及でビニ本にかげり。ビニ本制作会社がビデオ制作に乗り出す。グリコ・森永事件。12月26日、北海道、迷惑行為防止条例改正
一九八五（昭和六〇）年	2月21日、渋谷道頓堀劇場にてアイドルグループ「かぐや姫」デビュー。その中で清水ひとみもデビュー。浅草ロック座専属の新人踊り子、次々とマスコミを賑わす。浅草ロック座、愛染恭子ショー。9月21日、「船橋ハリウッド劇場」は「DXハリウッド劇場」と改称	8月、日航ジャンボ機が群馬県で墜落。2月13日、新風営法施行。北海道、迷惑行為防止条例施行。新規のソープランド規制、客引き禁止など。新宿歌舞伎町、日本初キャバクラ「キャッツ」オープン。たちまち大人気に。ファミコン流行

一九八六（昭和六一）年	1月14日、西船橋駅ホームで踊り子と劇場にいたお客とのトラブル。男性客はホームから転落し死亡。7月1日、歌舞伎町「DX歌舞伎町劇場」フィストファックと天狗マナ板ショー。「元祖ビデオギャルたちのストリップデビュー」流行。船橋「若松劇場」個室「愛の小部屋」登場。別料金でサービス	4月、男女雇用機会均等法施行。ソ連でチェルノブイリ原発事故。エイズパニック。伝言ダイヤル登場。村西とおる監督作品が大ブレークし、アダルトビデオ流行。全国の秘宝館にかげりが見えはじめる。ススキノのソープランド最多店舗九三店舗に。ススキノのグランドキャバレー「ミカド」閉店（現・中島公園駅そばのキリンビール園）。ススキノで温泉掘削成功
一九八七（昭和六二）年	「浅草フランス座」再開館。支配人佐山淳。引退していた浅草駒太夫七年ぶりに復活。浅草ロック座、ラスベガスからダンサーチーム来演。8月31日、新宿「モダンアート」閉館。10月11日、新宿「ニューアート劇場」にて、ヌードグランプリ開催。投票者には三〇〇万円相当の商品がもらえる抽選付。全国的にホンバンマナ板ショー禁止のお達し	4月、国鉄、JRに。5月、朝日新聞阪神支局襲撃事件。地上げ屋活発化。全国にSMクラブ乱立
一九八八（昭和六三）年	人気AV女優のチームショー登場しだす	
一九八九（平成元）年	9月2日、船橋「西船OS劇場」「ニュー大宝劇場」二館同時摘発。自縛ショーの踊り子増える。札幌「DXカジノ」は移転し「ニューカジノ」と改称	1月、昭和天皇死去。元号が平成に。リクルート事件。レディースコミックブーム
一九九〇（平成二）年	この頃より「浅草ロック座」専属踊り子、ラスベガスへダンス留学。入国管理法が改正されフィリピンダンサーは激減し、チリ、コロンビアの踊り子が増える	ボディピアスブーム。ダイヤルQ2登場。デブ専趣向の店舗登場
一九九一（平成三）年	3月31日、札幌「コマ劇場」閉館	12月、ソ連邦消滅。暴力団新法施行「みかじめ料」は水面下へ。ススキノ風俗店ソープランド五二店、個室マッサージ三〇店、デートクラブ九店、テレホンクラブ一六店
一九九二（平成四）年		バブル崩壊。ヘアヌード写真公認

年代	ストリップ史	風俗史
一九九三（平成五）年	SM大会流行。春、船橋「若松劇場」場内全面改装。照明もコンピューター制御とし、「アイドル小屋」へ転向をはかる。5月1日、「若松劇場」村上麗奈ショー。若松劇場専属のアイドル第一期デビュー。AV女優からの転身組多し	8月、非自民政権の細川内閣が発足。インディーズビデオ流行。イメージクラブ流行。新宿歌舞伎町は中国マフィアが増える
一九九四（平成六）年	4月21日、新宿「DX歌舞伎町劇場」素人娘のアルバイト生ステージ開催。撮影自由。7月6日、札幌「ススキノマドンナ」開館	6月、自社連立政権の村山内閣が発足。新宿西口地下にホームレスが集まる。日本初フーゾク専門求人誌『てぃんくる』創刊。未成年の性病者増加
一九九五（平成七）年	東京渋谷「道頓堀劇場」閉館	3月、地下鉄サリン事件
一九九六（平成八）年	「女王様調教ショー」登場。船橋「若松劇場」アイドル小屋として定着	薬害エイズ事件。インターネットブーム。テレクラ規制条例案施行
一九九七（平成九）年	新宿「DX歌舞伎町劇場」オール素人大会開催	11月、山一證券、拓銀が経営破綻。ススキノ、割烹料亭五軒までに減少
一九九八（平成一〇）年	2月1日、船橋「若松劇場」専属同士のチームショー開演。5月「浅草フランス座」にて「清水ひとみ一座」公演。「若松劇場」にて早乙女宏美プロデュース「SM大会」開始。「若松劇場」専属アイドル、牧瀬茜デビュー	2月、長野オリンピック開催。デリバリーヘルス流行りだす。札幌ススキノ、ヘルス店六〇店ほど
一九九九（平成一一）年	4月2日、「札幌道頓堀劇場」開館。5月1日、船橋「若松劇場」で早見聖子、香取しずか、牧瀬茜、夕貴美保で構成するアイドルグループ「だんご四姉妹」デビュー。7月、「浅草フランス座」閉館。「若松劇場」ファンサービス企画「撮影会&温泉バスツアー」開催、踊り子六名参加。「若松劇場」で空中花道「ミルキーウェイ」完成。12月1日、札幌道頓堀劇場専属、藤繭ゑデビュー	風営法改正。派遣型風俗店も届出制となる

二〇〇〇（平成一二）年	1月31日、札幌「ススキノマドンナ」閉館。3月20日、札幌「ニューカジノ」閉館	4月、介護保険制度始まる。「浅草フランス座」は改装され、演芸場「東洋館」となる。新宿、「ぼったくり防止条例」施行。ススキノのソープランド四二店舗、ヘルス店舗百数十店
二〇〇一（平成一三）年	1月16日、元浅草フランス座支配人佐山淳死去、享年七七。6月、「渋谷道頓堀劇場」元の地で復活。新宿で唯一のホンバン小屋「OS劇場」閉館	9月、国内でBSE認定。新宿歌舞伎町雑居ビル火災。風俗店の新規出店が難しい中、札幌ススキノはまだ許可地があるため本州から風俗業者押し寄せる
二〇〇二（平成一四）年	1月30日、札幌道頓堀劇場専属・藤繭ゑ引退	5月、ワールドカップ日韓共同開催。9月、小泉首相、北朝鮮訪問。10月、北朝鮮から拉致された五人が帰国
二〇〇三（平成一五）年	入国管理法違反により全国で二四館の劇場が摘発となる	3月、イラク戦争開戦。船橋駅周辺、都市開発が進む。札幌ススキノ、割烹料理店二軒になる。芸者二一名。道内初のメイド喫茶、狸小路二丁目に出店
二〇〇四（平成一六）年		1月、鳥インフルエンザ発生。東京都「青少年健全育成条例」改正。スカウト行為の規制。ブルセラショップの自粛。出会い系サイトでの事件増加。この年から約一年かけ、全国的大規模な風俗一斉摘発が始まる。歌舞伎町わいせつビデオ店、一〇二店摘発
二〇〇五（平成一七）年		4月、JR西日本福知山線脱線事故
二〇〇六（平成一八）年	「SM大会」復活。札幌道頓堀劇場「SM大会」開催	2月、冬季オリンピック・トリノ大会開催。風営法改正。風俗店はすべて届出制となる。特定地域以外での宣伝活動禁止。ネット宣伝が通常となる
二〇〇七（平成一九）年	4月、札幌道頓堀劇場摘発、営業停止処分	7月、新潟県中越沖地震発生。北海道「風営法施行条例」改正。ソープ、店舗型ヘルスの新規出店禁止。『ススキノTOWN情報』にて風俗記事、広告掲載中止
二〇〇八（平成二〇）年		9月、リーマン・ブラザーズ経営破綻（リーマン・ショック）

年代	ストリップ史	風俗史
二〇〇九（平成二一）年	1月21日、札幌道頓堀劇場、営業再開	1月、米史上初アフリカ系のオバマ大統領就任。2月16日、船橋、元赤線「新地」に唯一残っていた娼楼「吾妻屋」突然の出火により全焼。8月、民主党・鳩山内閣誕生。東京の夕刊紙『内外タイムス』に風俗記事、広告がなくなり、廃刊。ススキノの割烹料亭が一軒となる
二〇一〇（平成二二）年	2月、船橋「ニュー大宝劇場」が検挙され、そのまま閉館へ。札幌道頓堀劇場閉館	3月、東京スカイツリー完成。9月、札幌豊平橋近くひっそりと営業していたチョンの間スナック「カネマツ会館」「五条東会館」摘発
二〇一一（平成二三）年		3月11日、東日本大震災、福島第一原発事故
二〇一二（平成二四）年		4月、北朝鮮の指導者に金正恩氏就任。12月、民主党が大惨敗し、自公連立政権の安倍内閣が発足
二〇一三（平成二五）年	8月、船橋「若松劇場」閉館。千葉県のストリップ劇場なくなる	12月、秘密保護法成立。札幌、マンモスキャバレー「クラブハイツ」閉館
二〇一四（平成二六）年	「浅草ロック座」の斎藤観光、破産手続き開始。運営は再び東興行へ	7月、安倍内閣が集団的自衛権の行使容認を閣議決定。11月、高倉健死去
二〇一五（平成二七）年	埼玉県「西川口テアトルミュージック」閉館。新宿「TSミュージック劇場」、家主より家賃不払いがあったとされ、東京地裁より建物の明け渡しを命じられる。TS側は、経緯を公表し、劇場存続要望書への署名を呼びかける。	7月、米キューバ国交回復。9月、安全保障関連法成立。日本初、渋谷区で同性カップルへの「パートナーシップ証明書」発行開始
二〇一六（平成二八）年	ストリップ劇場に女性客増える。SNSのためと思われる（踊り子自身の発信も増える）。新宿「TSミュージック劇場」、存続要望の署名は多く集まったものの「退去」という形で家主と和解する。4月「関西ニューアート」閉館。11月、渋谷「シアターD」閉館	4月、熊本地震。7月、相模原市の障害者施設で一九人刺殺事件
二〇一七（平成二九）年	1月15日、新宿「TSミュージック劇場」閉館。4月、「浅草ロック座」名誉会長斎藤智恵子、死去。享年九〇。11月、長野県「信州大勝館」	1月、トランプ米大統領就任。6月1日、札幌市が同性カップルをパートナーとして公的に証明する「パートナーシップ宣誓制度」を開始。全国で六例目で、政令指定都市では初

	(旧・信州ロック座) 閉館。12月、「諏訪フランス座」元会長瀧口義弘(八木澤高明)、KADOKAWAより『ストリップの帝王』出版	
二〇一八(平成三〇)年	6月、福島県「芦ノ牧温泉劇場」閉館	12月30日、キャバレー「ハリウッド」全店舗閉店
二〇一九(令和元)年	新宿「DX歌舞伎町」閉館。12月16日、ストリップをこよなく愛した写真家・原芳市、死去。享年七二	
二〇二〇(令和二)年	コロナウィルスが蔓延し「緊急事態宣言」により全劇場が休館。4月、群馬県「伊香保銀映座」閉館(コロナ打撃)。5月、緊急事態宣言の解除により少しずつ劇場も再開される	コロナ禍を機に「マッチングアプリ」流行
二〇二一(令和三)年	5月、広島県「広島第一劇場」閉館	
二〇二二(令和四)年	4月、埼玉県「蕨ミニ劇場」火災。12月、川上譲治、東京大塚「シネマハウス大塚」にて映像作品上映会「裸的群像伝特集 ストリップ小屋に愛を込めて」開催。一九七〇年代からのストリップ映像を流し、新旧ファンを多く集めた	
二〇二三(令和五)年	5月22日、浅草駒太夫死去。享年八二。7月、埼玉県「蕨ミニ劇場」、火災からの復興に向けてクラウドファンディングを開始	「LGBT理解増進法」可決。ジャニーズ事務所性加害問題。ホストクラブで女性客に売掛金を性風俗店勤務や売春行為をさせて支払わせる行為が頻繁に起こる。
二〇二四(令和六)年	8月、埼玉県「ライブシアター栗橋」閉館とほぼ同時に「わらびミニ劇場」再開。系列館であった「栗橋」の照明機材などが「わらびミニ劇場」へ寄贈される。11月現在、全国のストリップ劇場は一七館	

昭和・平成・令和のストリップ劇場
——あとがきに代えて

本書で紹介してきた四つの街。街としては何のつながりもないが、それぞれの地域で歓楽街としての役割を担ってきたということが共通している。

遊廓、芝居小屋、赤線、青線、キャバレーなどの社交場、食堂や居酒屋などの飲食店、そして風俗店……。男たちにつかの間の現実逃避をさせるため、それらの地はお上と戦いながら、その役割を務めてきた。やはりそこには共通した歴史が流れていた。

ストリップショーもつかの間の「夢」であった。女性の裸など自分のオンナ以外は拝めない時代、スポットライトに照らされるトップレス姿は、どんなに尊かっただろうか。ショーを作る側も固定観念にとらわれず、創作欲を燃やしていたに違いない。裸ショーだって立派なエンターテイナーショーのひとつであるとの自負とともに。

時代はスピードを上げて変化していく。ストリップショーの下着はどんどん小さくなり、ついに無くなりオールヌード。そしてヌードダンスだけではもの足りなくなり、次のショーへ。オナニーショーの「ベットショウ」。器具を使う「天狗ショウ」。局部の筋力で芸を見せる「花電車ショウ」。男女ペアの「白黒ショウ」「残酷ショウ」。欲求はとどまるところを知らない。

遊廓や赤線、ソープランドのように身体の結合がないぶん、満足感はないのだから、どんなに女体の内臓を見せられても満たされないのは当然のことだろう。しかし、だからこそ〝ストリップ芸〟が進化していったと思う。ストリップショーの幅の広さは、世界広しといえども日本だけの独特の文化だろう。

しかし、それを黙認しているお上ではなかった。ひとつを許せば止めどもなくなる、とばかりに取り締まる。それをくぐり抜けてすきあらば劇場はまた顔を出す。そんなイタチごっこの末の一九八五年(昭和六〇年)二月。新風俗営業法が施行され、風俗店の統制が一層きつくなった。良くも悪くもここからすべてが変わっていった。

新風営法施行の直前、ストリップ界の「ショウ」意識は低迷していた。芸を見せる場、夢を与える場としての空間であることを忘れていた。劇場はただただ尽きることのないお客の性の欲求に追いつくのが精一杯であった。施行後、その舞台は再び「ショウ」意識に目覚めることになった。「ショウ」時代の踊り子と比べればその時代の踊り子のダンスの技量は落ちていただろう。しかし踊り子は自ら「ストリッパー」としての自覚を持ち、芸、表現に励み出していた。

このときを境に「ショウ」の表記はすべて「ショー」となった。単純なカタカナ表記の変更だが、私には違って見えた。ひとつの時代の終わり、そして始まりとして感じられた。新しいストリップショーの始まりである。

と書いてはみたが、夢を与えるはずのストリップ業界は末期状態だ。いまいちど私の知る昭和期・平成期、そして令和となった現在の状況を書いておこう。

＊

昭和のバブル期が過ぎると、お客様の入場は緩やかに下降していく。性風俗産業が盛んになり、わざわざ劇場に足を運ばなくとも綺麗なお姉さんの恥ずかしい姿態が手軽に見られるようになったから。まず温泉町にあった劇場組合に入っていない「温泉劇場」の閉館が相次ぎ、「本番マナ板」「外人ダンサー」に頼っていた小屋が無くなっていく。

平成。ストリップ劇場は「ショーを観せる場」から「小銭稼ぎの場」へと成り下がってしまった。お客様が入らないから、微々たる「現金」でも欲しく、演目を「ポラロイド」のみとした。踊り子はポラロイドを売りまくって自分のギャラ以上を稼ぐか、見切りをつけて辞めるか、の二択となってしまった。そもそも「ポラロイド」の演目が出始めた頃は、踊り子の顔を写すことはNGであった。これは「公然猥褻」の証拠となってしまうから。しかしポラロイドのサービス業が当たり前となった踊り子は、一枚でも多く売るためファンサービスに努めた。顔はもちろんのこと、ツーショット、ポラ写真へのサインなど、アイドル撮影会のように恥ずかしい部分が写った写真を放出していった。そうなれば当然検挙率も高くなる。そうでなくとも日本の「お偉いさんたち」はストリップ劇場を早く無くしてしまいたかったのだから。

私はショーが好きでストリップ劇場への出演を続けていた。なので「ポラさえ売れればいい」という劇場の考えに幻滅し、二〇〇七年（平成一九年）から劇場に出ていない。いや、この言い方はカッコつけだ。お世話になっていた劇場の閉館が続いたからだ。完全に仕事が無くなったのである。

そんな令和の中でのコロナ禍――。お客様との交流を軸としていた劇場は、大打撃であったことだろう。この期間の劇場はどうであったのだろう。私は気になり、船橋編でインタビューをした牧瀬茜嬢にメールで問い合わせてみた。

茜嬢からは以下のような返信がきた。

「二〇二〇年四月、五月は、ほとんどの劇場が休館でした。ずっと家の中で大好きな絵を描いて過ごしていましたが、こうしていると自分が踊り子だ、ということが夢幻のようでした。時間はあるのに新しいステージを作る作業も、一切やる気が出なかったです。六月から営業が再開となりましたが、コロナルールが新たにできました。お客様のマスク着用、握手禁止、ツーショット撮影の禁止などですが、踊り子はノーマスクでステージをしていました。二〇二一年の夏頃からようやく通常モードになってきましたが、コロナによって足が遠のいた常連さんもいます。そして最も重要なことは、ストリップ劇場や私たち踊り子は「性風俗」に属するため、「持続化給付金」が受け取れないことです。このことで私たちがいかに「区別」されているかということに気付かされました（のちに公的書類を持っている、作成した数名の踊り子は受け取れたようですが）。私たちはただただ、耐えるのみです。今の私は全国というより、特定の付き合いがある劇場にしか出演していませんが、ステージができる、ということのありがたさを実感しています」

私は茜嬢の「ステージができることのありがたさ」という言葉が心に突き刺さった。未来がない仕事とわかっていてもやめられないのは、単純に「ステージが好きだから。踊ること、演出を考えるのが好きだから」ということだ。

＊

私が二〇一四年（平成二六年）に札幌に移住してから、札幌で偶然に出会った若い二人が踊り子デビューしていた。マイナス状況下でのデビュー。彼女らは純粋に踊りたかった、ステージに立ちたかったのだ。

現在、踊り子はストリップ劇場までの交通費は自腹である。ギャラも下がっている。もちろん衣装は自前のもの。金銭的には他の職業の方が稼げることもあるだろう。なのに敢えてのストリップ劇場デビューだ。私はできる限りのアドバイスをし、彼女らを見守っている。彼女らはステージを十分に楽しんでいるようだ。

私は今、全く関係が無くなったストリップ劇場が懐かしくなり、本書で取り上げた街以外のところも含めてSNSなどでストリップのことを発信している。その中で、若い人たちとも接点ができた。今のストリップ劇場のお客様は男性だけではない。若い女性のお客様も数多くいる。地下アイドルを応援しているような感覚であろうか。いや、女性たちの方がストリップに「美」を見出しているのかもしれない。女性たちの観劇日記を読んでいると、「泣いた」「感動した」という言葉が多い。

＊

さて、「まえがき」にも書いたように、そもそも本書はワイレア出版の『S&Mスナイパー』誌に二〇〇〇年一月号から二〇〇三年六月号まで連載していた「さよならストリップ劇場」という企画で、ストリップ劇場と街の風俗を浅草・新宿・船橋と歩き調べたものに大幅に加筆したものである。当時私はまだ現役の踊り子。ストリップ劇場にもまだ活気があった。しかし先輩の踊り子さんが少なくなり（特に特殊演目の）、芸界の歴史を肌で感じることがなくなり、その来し方行く末を危惧した。なんとかストリップ業界の歴史を残したい。誰もやらぬなら僭越ながら私ができる範囲で残していこう。そう思ったのである。

そして今回、本書にまとめるにあたって新たに「札幌編」を書き下ろした。私が移住を決意したのは札幌の劇場と出会ったからであり、札幌には思い入れがある。しかし札幌のストリップの歴史を調べるのには手間取った。観光地ゆえのハード路線になったのは意外に早い時期で、広告などの手がかりがあまりなかった。札幌ススキノのピンク文化を語るにはまだまだ不足していることが多いと思うが、多少なりともススキノのストリップ劇場があった証となっていたとしたら望外の喜びだ。

＊

本書を企画した際、文中の写真はあの写真家の写真しか思い浮かばなかった。ストリップ劇場を一九七〇年代から見てきた写真家原芳市氏。私は原氏の著書『ぼくのジプシー・ローズ』（晩聲社）のファンであったし、踊り子時代に何回かインタビューを受けていた。その真摯な姿と想いあふれる写真が大好きであった。

二〇一七年（平成二九年）頃、私はその想いを原氏に伝え、写真提供をお願いしたが、「どんな写真渡していいかわからないよ」と原氏は気乗りしない様子。それもそのはず。踊り子写真の二次仕様でクレームがあることも、出版社の対応が雑なことも知っているからだ。私はあえて踊り子写真はほとんど使わないと告げた。本書は踊り子の姿をクローズアップするのではなく、ストリップ劇場そのものを伝えたいのだから。そして偶然にも本書の版元の社長と原氏は旧知の仲であった。運命が動いた。原氏は全て飲み込んでくれ、写真を提供してくれた。

しかし本書の完成を見ずに原芳市氏は二〇一九年（平成三一年）に急逝してしまった。私は泣いた。

原さん。待たせてごめんなさい。ようやく本が出来ました。

最後に、本書への転載を許可してくださった『S&Mスナイパー』誌編集長であった渡邊安治氏、担当編集であったライター井上文氏。資料を提供してくださった風俗資料館館長の中原路津氏、ストリップ劇場を愛し続けた企画者川上譲治氏、インタビューに応じてくれた踊り子牧瀬茜氏、藤野羽衣子氏、そしてストリップらしからぬステージでも目をつぶってくれたストリップ劇場関係者の皆様、お客様、さらに本書を出版してくださった寿郎社の土肥寿郎氏、本当に本当にありがとうございました。

これで私の胸のつかえも取れました。

二〇二四年（令和六年）現在、日本全国のストリップ劇場は一七館。

早乙女宏美

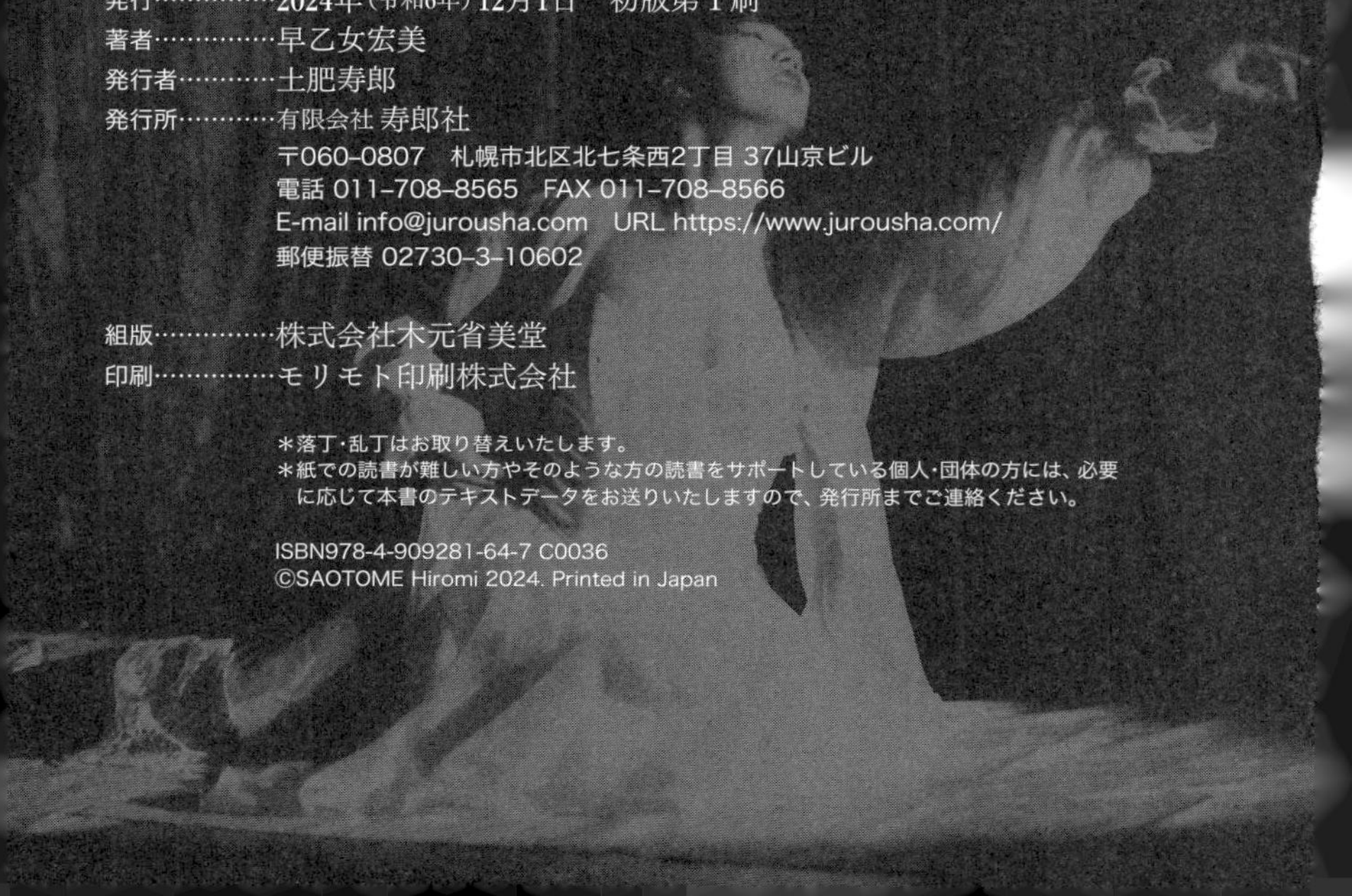

早乙女宏美（さおとめ・ひろみ）

1963年、東京生まれ。

1984年、日活ロマンポルノ『縄姉妹・奇妙な果実』（監督・中原俊）でデビュー。以降、『逆さ吊し縛り縄』（監督・片岡修二／新東宝）、『緊縛・SM・18才』（のちに改題『SMクレーン宙吊り』）（監督・片岡修二／新東宝）など約90本のポルノ映画に出演。

1986年、ストリップ劇場デビュー。「オサダゼミナール」のM女役をへて1989年から自縛ショーを演じ、切腹を取り入れる。2007年までの21年間、特殊系の踊り子としてストリップ劇場に出演する。

著書に『性の仕事師たち』（河出文庫、1998年）、『ロマンポルノ女優』（河出文庫、2006年）など。写真集に『匂う蓮』（写真・池内功和／ヴァニラ画廊、2012年）など。

早乙女モデル真剣懐刀「雪」完成（刀鍛冶・水木良光、2012年）。

2014年、東京から札幌に移住。現在、パフォーマー。

ストリップ劇場《げきじょう》のある街《まち》、あった街《まち》
浅草《あさくさ》・新宿《しんじゅく》・船橋《ふなばし》・札幌《さっぽろ》の〈ピンク文化《ぶんか》〉とそれを支《ささ》えた人《ひと》びと

発行……………2024年（令和6年）12月1日　初版第1刷
著者……………早乙女宏美
発行者…………土肥寿郎
発行所…………有限会社 寿郎社
〒060-0807　札幌市北区北七条西2丁目 37山京ビル
電話 011-708-8565　FAX 011-708-8566
E-mail info@jurousha.com　URL https://www.jurousha.com/
郵便振替 02730-3-10602

組版……………株式会社木元省美堂
印刷……………モリモト印刷株式会社

＊落丁・乱丁はお取り替えいたします。
＊紙での読書が難しい方やそのような方の読書をサポートしている個人・団体の方には、必要に応じて本書のテキストデータをお送りいたしますので、発行所までご連絡ください。

ISBN978-4-909281-64-7 C0036